江苏地方文化名片丛书

丛书主编 刘德海　本卷主编 徐缨

常州淹城文化

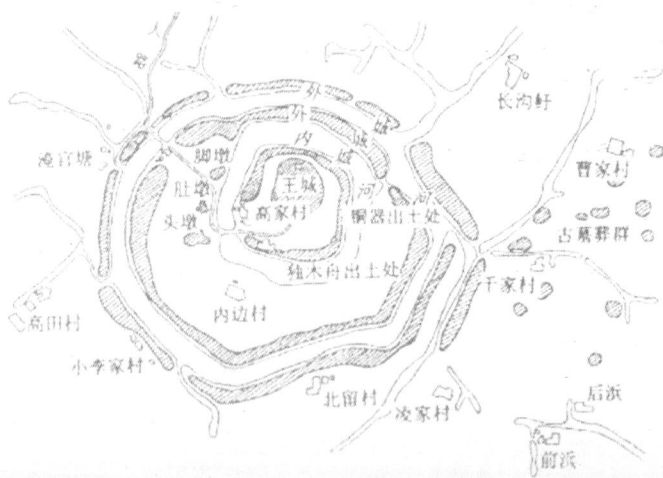

U0657172

南京大学出版社

图书在版编目(CIP)数据

常州淹城文化 / 徐缨主编. —南京:南京大学出
版社,2015.12
(江苏地方文化名片丛书/刘德海主编)
ISBN 978 - 7 - 305 - 13729 - 7

Ⅰ.①常…　Ⅱ.①徐…　Ⅲ.①古城遗址(考古)—介
绍-常州市　Ⅳ.①K878

中国版本图书馆 CIP 数据核字(2015)第 309040 号

出版发行　南京大学出版社
社　　　址　南京市汉口路 22 号　　　　邮　编 210093
出 版 人　金鑫荣
丛 书 名　江苏地方文化名片丛书
丛书主编　刘德海
书　　名　常州淹城文化
主　　编　徐　缨
责任编辑　荣卫红　　　　　　　编辑热线　025 - 83593963
照　　排　南京紫藤制版印务中心
印　　刷　江苏凤凰通达印刷有限公司
开　　本　787×960　1/16　印张 13.25　字数 197 千
版　　次　2015 年 12 月第 1 版　2015 年 12 月第 1 次印刷
ISBN　978 - 7 - 305 - 13729 - 7
定　　价　28.00 元

网址:http://www.njupco.com
官方微博:http://weibo.com/njupco
官方微信号:njupress
销售咨询热线:(025)83594756

《江苏地方文化名片丛书》

常州淹城文化

主　　编　徐　缨

副 主 编　陈满林　陆文虎　肖　飞

古淹城

古越先民生活

点将台

淹城春秋乐园一景

延陵

岳飞屯兵

横山

宝林寺

总　序

赓续江苏人文精神之脉

王燕文

文化自觉支撑国家民族的兴盛,文化自信激发社会进步的活力。习近平总书记深刻指出,中华优秀传统文化是中华民族的精神命脉,是涵养社会主义核心价值观的重要源泉,也是我们在世界文化激荡中站稳脚跟的坚实根基。高度重视文化建设,大力弘扬优秀传统文化,是历史和时代赋予的责任担当。

一方水土养育一方人。江苏地处中国东部美丽富饶的长江三角洲,山水秀美,人杰地灵,文教昌明,有着六千多年有文字记载的文明史。在漫长的历史演进中,这片文化沃土不仅产生了众多的闪耀星空的名家巨匠和流芳千古的鸿篇巨制,而且孕育了江苏南北结合、兼容并蓄、博采众长、和谐共融的多元文化生态,形成了吴文化、金陵文化、维扬文化、楚汉文化和苏东海洋文化五大特色区域文化。绌绎这一颗颗文化明珠,光彩夺目,各具特质:以苏、锡、常为中心区域的吴文化,聪颖灵慧,细腻柔和,饱醮着创新意识;以南京为中心区域的金陵文化,南北贯通,包容开放,充盈着进取意识;以扬州为中心区域的维扬文化,清新优雅,睿智俊秀,体现着精致之美;以徐州为中心区域的楚汉文化,气势恢宏,尚武崇文,彰显着阳刚之美;以南通、盐城、连云港为中心区域的苏东海洋文化,胸襟宽广,豪迈勇毅,富有开拓精神。可以说,不同地域文化在江苏大地交融交汇,相互激荡,共筑起江苏厚德向善、勇于进取、敏于创新的人文精神底蕴。

多元文化,共生一地;千年文脉,系于一心。地方文化是区域发展的文化

"身份证"，更是整个中华民族的文化基因，展现了我们优秀传统文化生生不息的创造力。在构筑思想文化建设高地和道德风尚建设高地的新征程上，我们要以科学的态度对待传统文化，坚持古为今用、推陈出新，有鉴别地加以对待，有扬弃地予以继承，进行创造性转化、创新性发展，将其中积极的、进步的、精华的元素予以诠释、转化和改铸，赋予其新的时代内涵。只有以文化人、以文励志，力塑人文精神，标高价值追求，提升文明素养，才能涵育出地域发展令人称羡和向往的独特气质。只有以敬畏历史、服膺文化之心，精心保护地方文化遗产，充分挖掘地方文化资源，切实加强地方文化研究，才能传承赓续好人文精神之脉，增强人们对家国本土的文化认同、文化皈依，与时俱进地释放出应有的价值引导力、文化凝聚力和精神推动力。

令人欣慰的是，省社科联和各市社科联以强烈的责任感使命感，组织省内有关专家学者协同编撰了13卷《江苏地方文化名片》丛书。丛书按13个省辖市的行政区划，一地一卷，提纲挈领，博观约取，独出机杼，既总体上为每个市打造一张具有典型性、代表性的文化名片，又个性化呈示各市文化最具特色的亮点；既综合运用历史学、社会学、经济学和文化学等多学科视角，对富有地方特色的文化资源进行了系统梳理、深度挖掘和科学凝练，又以古鉴今，古为今用，面向未来，做到历史与现实、理论与实践的交集，融学术性与普及性为一体，深入浅出，兼具思想性与可读性。丛书的推出，有裨于读者陶冶心灵，体味地方文化历久弥新的价值，也将对江苏传统文化的传承与研究起到积极示范作用。

不忘本来，开辟未来。植根文化厚土，汲取文化滋养，提升人文精神，促进人的全面发展和人的现代化，这是江苏文化建设迈上新台阶、实现"三强两高"目标的责任所在。我们要进一步加大力度推动江苏优秀传统文化、地方文化在保护中传承，在传承中转化，在转化中创新，让丰沛的江苏历史文化资源留下来、活起来、响起来，着力打造更多走向全国乃至国际的江苏文化名片，为"强富美高"新江苏建设提供生动的文化诠释和有力的文化支撑！

（作者为中共江苏省委常委、宣传部部长）

目　录

序 ………………………………………………………………… 001

概　述 …………………………………………………………… 001

第一章　古城融文脉 …………………………………………… 006

第一节　远古文明 ……………………………………………… 006

第二节　古越文化 ……………………………………………… 017

第三节　舜与江南 ……………………………………………… 022

第四节　古奄南迁 ……………………………………………… 027

第五节　吴王东下 ……………………………………………… 035

第二章　遗迹千古谜 …………………………………………… 042

第一节　淹城何用 ……………………………………………… 042

第二节　古城多奇 ……………………………………………… 046

第三节　古舟诉说 ……………………………………………… 050

第四节　古井沧桑 ……………………………………………… 053

第五节　土"金字塔" …………………………………………… 056

第三章　薪火多传承 …………………………………………… 060

第一节　形成时间 ……………………………………………… 060

第二节　地域范畴 ·· 064

第三节　基本特征 ·· 067

第四节　发展过程 ·· 070

第五节　史事钩沉 ·· 073

第四章　代有才人出 ·· 090

第一节　春秋战国 ·· 090

第二节　南北朝 ·· 095

第三节　唐宋明 ·· 101

第四节　清代 ·· 110

第五节　近现代 ·· 121

第五章　谈笑叙风韵 ·· 135

第一节　神话 ·· 135

第二节　传说 ·· 144

第三节　掌故 ·· 152

第四节　史话 ·· 160

第五节　"非遗" ··· 169

第六章　无与常匹俦 ·· 187

第一节　历史贡献 ·· 188

第二节　当今价值 ·· 194

第三节　现代成果 ·· 196

参考文献 ·· 200

附　常州历史沿革简表 ·· 202

后　记 ·· 204

序

徐　缨

　　常州是一座有着七千年文明、三千年繁华的江南文化名城，在历史长河中逐渐形成了独特的生活方式、风俗习惯，烙下了许多深深的文化印记。在这些众多的文化印记中，作为目前我国西周到春秋时期保存下来的最古老、最完整的地面古城池淹城，因其独特的风貌和风骨，随着考古学界的深入探索以及淹城文化创意开发，越来越焕发出自己独有的文化光芒。

　　"明清看北京，隋唐看西安，春秋看淹城。"以淹城为代表的春秋文化已成为常州独具特色的文化名片。作为吴文化的发源地之一，常州在这一时期迎来了第一次文化高峰，"延陵君子"季札是这一高峰的典型代表，其对公正法治的坚守、对信义的诠释成为后世争相传诵的佳话，也为常州地域文化特质和文化基因的形成从源头上注入了深邃厚重的文化活水。

　　习近平总书记强调指出"要系统梳理传统文化资源，让收藏在禁宫里的文物、陈列在广阔大地上的遗产、书写在古籍里的文字都活起来"。传统文化无论是作为物质形态，还是作为非物质形态；无论是作为实用形态，还是艺术形态；无论是作为静态，还是活态，其核心都在于其性质、结构、功能中所蕴含的价值追求、审美理念和社会理想，而这正是传统文化历经数千年依然可以在当代"活"起来的根本所在。

　　生活在这片土地上的常州人民依靠勤劳、勇敢和智慧，经过一代代的努力，逐步培育出了兼收并蓄的宽容态度、诚信守仁的社会风尚、经世致用的朴实学风和"事事争一流"的敬业精神。这些是常州传统文化最深沉的积淀，是文化基因最深刻的表达，是常州的"根"和"魂"。深入挖掘深藏在古迹背后的那些凝结过去、承载现在、昭示未来的文化基因，坚守那些构成常州文化底蕴的最有生命力的文化元素,并以此作为涵养社会主义核心价值观的重要来源,是我们义不容辞的责任。

历史虽已远去,但那个时代所创造的文化、所体现的人文精神不会消失,而是深深融入这座城市的血脉,影响和塑造着这座城市的精气神。站在时代的新起点上,对这些优秀的传统文化加以转化升华、创新发展,为其注入新的时代内涵,传统文化定能在当代散发出更加璀璨的光华。

（作者为中共常州市委常委、宣传部部长）

概

述

～～～～～～～～～～～～～～～～～～～～～～～

盘古开天辟地，女娲捏泥造人，夸父躯成山河……远古的神话给我们留下了无尽遥远而美好的记忆，大自然的鬼斧神工也留下了多少奇观异景。

在神州东方、长江之滨，有一方神奇的谜城遗址，名曰淹城，距今已有3000多年历史。这是迄今为止，世人唯一发现的三城三河套状的古城池遗址，可谓举世无双。

在此古遗址所在地域，即如今的江苏常州，经过数千年的栉风沐雨，幻化出一种文化现象，有研究者称之为"淹城文化"。

当然，这种文化，并非从天而降，也非他人赐封，它有历史文化的源头，也有形成、发展的历程。如今，我们也可以从祖先留下史料的片言只语中，看出些许端倪，理出一条脉络。

常州的"淹城文化"到底有何起源，经历多少年代的演变，发展到哪些地域，经由多少人俊力推，在多少事件中呈现，对地方的文化、社会发展起到了何种作用？这一连串的疑问，并非一席话、一本书可以完全释解的，即使经过无数研究者的不懈探析，也仅仅有了一个初步的认识，有了一些肤浅的释语，其中还不乏莫衷一是的争论。

常州历史文化源远流长，有着7000多年的农耕文明史，3200余年的文字记载史,2560 余年建邑史。在这漫长的岁月里,常州的"淹城文化"随着经济的发展、社会的进步、朝代的兴衰更替,大致可粗略地分为四个发展时期:文化肇兴时期,即从远古文化至南北朝;文化发展时期,即从隋唐至明代;文化鼎盛时期,即贯穿整个清代;文化延续时期,即从清末至民国。

本书将目前常州的"淹城文化"所涉地域的一些研究成果,作一归纳。让我们乘着文字的翅膀,穿越时空隧道,让思绪自由自在地翱翔,领略"淹城文化"的风采吧!

文化肇兴时期

"淹城文化"的源头来自当地数千年前的远古文化,即经过河姆渡文化、马家浜文化、崧泽文化、良渚文化、马桥文化的积累和演变,留下了本地土著文化即古越文化。公元前 900 年左右,殷商的古奄人南下,将古鲁文化融入本地土著文化。

同时,周太公之子泰伯、仲雍为避位东奔荆蛮之地,并建立了古吴国。若干年后,其后人周章等迁徙至江苏宁镇地区,被周武王封为吴地之王,之后拓至太湖流域及周边地区。

公元前 547 年,泰伯和仲雍的 20 世孙季札被分封于包括现今常州地区的延陵,初步形成了以吴越文化为基础的"淹城文化",季札也因此成了常州有文字记载以来的人文始祖。

从季札所处的春秋战国时代,经秦汉、三国到两晋的八九百年间,由于生产力水平仍较低下,加上需要依靠强大的群体力量与外族外邦的侵扰进行斗争,或者需要通过发动掠夺战争来充实本地的财富,这里的先民们以尚武为荣。《汉书·地理志》曾有"吴越之君皆好勇,故其民至今好用剑,轻死易发"的记载。

秦末农民起义爆发,项羽随其叔父项梁在吴中起事,其所率八千子弟中不乏常州人氏,当时北上伐秦军"身七十余战,所挡者破,所击者服"。三国时期,东吴实力远不如曹魏,为保卫疆土,尚武好勇之风仍然很盛。

西晋永嘉之乱,为"淹城文化"的发展提供了一次重要的契机。由于当时中原战乱频发,大批北方氏族纷纷南迁,不仅带来了中原先进的耕作技术,促进了本地经济的发展,而且由于中原文化的融入,也丰富了本地文化的内涵。加之从东晋到南北朝齐梁时期,大多采取和平禅让的方式,避免了攻地掠城的破坏,又给常州带来了近170年的安定环境,为"淹城文化"的肇兴提供了必要的条件。

文化发展时期

"淹城文化"自隋唐至明代,又绵延了一千多年。这一时期,就总体而言,是在齐梁文化积淀基础上的顺势发展时期。由于这一历史过程漫长而纷繁,可以着重关注在其发展轨迹中的三个重点。

其一是科举制度的盛行,为"淹城文化"的发展,提供了重要的机制。

自隋炀帝起,开科举士,把读书、科考和做官统一起来,形成了"学而优则仕"的科举制度,并为此后历代王朝所沿用。这种制度虽然是为巩固封建统治服务的,但由于它基本上是一种公开、公正的竞争激励机制,为人们奋发读书学习提供了一种巨大的驱动力,并产生了深远的影响。

其二是地方官员的重视和倡导,为"淹城文化"的发展营造了宽松的环境和浓厚的氛围。

在齐梁帝王遗风的影响下,在常州任职的地方官员,大多是好学上进、文坛上有所建树的文人。他们沿袭、弘扬了重视和倡导文化的传统,如唐代常州刺史李栖筠、独孤及,宋代常州知州王安石,等等。他们与常州人民的关系显得更为直接和密切,影响也更为深入和具体。他们的品格操守、治理方略、文学成就,不仅起着表率和引领的作用,而且已经成为"淹城文化"的重要组成部分。

其三是重大的历史变故,对"淹城文化"的发展,产生了正面或负面的重大影响。

北宋王朝覆亡后,南宋王朝被迫建都浙江临安(今杭州),前后存在了150

年左右。当时中国的政治、经济、文化中心移到了江南,出现了"上有天堂,下有苏杭"、"苏常熟,天下足"的景象。这无疑为"淹城文化"的发展提供了重要的机遇,促进了常州历史文化的繁荣。

然而到了宋末元初,元兵挥戈南下向临安进犯,发生了被史家称为"影响中国的100次战争"的"临安之战",常州作为临安的屏障,成了兵家必争之地,发生了常州历史上有名的"常州保卫战"。守城军民顽强抵抗达半年之久,终因寡不敌众,遭元军屠城,常州城毁于一旦。常州城遭此浩劫,元气大伤。

此后随着元朝近百年的发展,到了明朝,常州"淹城文化"又逐渐繁荣起来。文学方面。诗词散文,成就卓著,名家辈出。最具代表性的有明代的唐顺之、徐贲、毛宪等。到明代,小说的品种与数量明显增多,又出现了演义、武侠、章回体小说,其中较为突出的有于华玉的《岳武穆精忠报国传》卷二十八回等。曲艺这种形式,兴盛于明代,主要有古弹词、古评话和由地方小调演变而成的唱春。明代的孙隆,能诗工画,花鸟画以"没骨图法"为主,对后世泼彩写意画影响深远,是常州"没骨法"画派的先驱。这里应当特别提一下明代的陈济。他是以布衣平民身份,执掌国家级重大文化工程——明《永乐大典》都总裁(总纂)之职的文化精英。

文化鼎盛时期

清代从顺治至宣统,共267年。这是中国历史上封建王朝从积淀数千年形成的辉煌,迅速走向衰落并最后灭亡的时期。在这一巨大而深刻的历史变迁中,常州的"淹城文化"既承载着盛世年代的辉煌,又以呼唤改革的态势,在由盛转衰的过程中绽放出绚丽的光彩。

清初皇室为巩固其统治,曾大兴文字狱,文人深受其害。时任翰林院编修、后升侍讲学士的常州人钱名世,因作诗歌颂年羹尧,被雍正帝"究治",斥为"名教罪人",制成匾额令其悬挂在门上。雍正帝还发动满朝文武官员写文批判,并令其刻印散发,使钱名世受尽了污辱。文字狱所造成的负面效应是显而易见的。

嘉道之后，清朝衰象日显，经世致用意识又逐渐在文人中悄然唤起，并终于汇成巨澜，激荡大地，出现了"天下名士有部落，东南无与常匹俦"的景象。"淹城文化"的鼎盛局面得以凸显出来。

文化延续时期

清末至民国，中国沦为半殖民地半封建社会。辛亥革命虽然推翻了帝制，但革命胜利果实又很快为北洋军阀所篡夺。日军侵华，常州沦陷，受创惨重。抗战胜利后，国民政府置广大人民群众休养生息、重建家园的愿望于不顾，迫不及待地发动内战，常州人民再次陷入苦难的深渊。

在屈辱与抗争、积贫与图强相伴相随的近半个世纪中，"淹城文化"凭借鼎盛时期积蓄的遗韵流风，顺应历史潮流，以反帝反封建为基调，在艰难曲折中得到继续发展。

"淹城文化"经历了数千年风雨沧桑，创造了一个又一个奇迹，取得了一个又一个辉煌，积淀了丰厚的文化底蕴和宝贵的经验，为社会主义地方文化事业的蓬勃发展创造了有利条件。

滥觞于先秦的地域文化，如秦、晋、齐、鲁、楚、吴、越诸多文化，其最初形成时的地域特征确实十分鲜明，秦统一中国后，它们都面临着被迁徙、被改组、被同化的威胁，有的表面上似乎已融入华夏文化中，不再显山露水。其实不然，秦及以后一统的封建王朝，在政治上虽然是一元主导，但文化上却由于各地山川水土自然环境和语言风俗生活习性的不同，实际上还是保持着多元并存、各自演进的区域格局。比如"淹城文化"，这种地域文化格局不但源远，而且流长，并且始终以隐性传承的方式存在着，至今一直都在发生着积极的影响，成为构成中华文化区域特色丰富多彩的有机组成部分。

第一章 古城融文脉

中国的远古文明丰富多彩，新石器时代的文化遗址是以十分广阔而分散的形态分布于江河流域，并表现出较大的地域差别与独立性。黄河流域的仰韶文化与长江流域的河姆渡文化所表现的不同品质与特征说明，异是根本的，无异就没有大文化的背景。

然而，不同的文化形态在历史的发展进程中并不是一成不变的，它们总是在相互作用影响、处于不断沟通交融之中，随着文明进程的提高、文化交流的频繁，一方面，我们已经深切地认识和感受到因地域因素而形成的异质，正在慢慢地淡化缩小；另一方面，这种因地域背景不同而形成的文化特征恰恰是构成多元文化格局的最关键的、最基本的要素，必将越来越受世人关注。

第一节　远古文明

地域文化特征滥觞于远古文明，学术界对地域文化的界定，对源于上古时期的诸多地域文化的特征研究，一般是依托考古发现和文献资料的引证，通常以考古发掘的地名冠之，这种命名方式确实有它的合理性。故而，我们原始先民文化的地域特征是相当明显的。

1921年,在河南渑池仰韶村发掘了中原最早的新石器遗址,使中华民族的起源找到了实证依据,于是在很长一段时间里,中华民族起源的"一元论"学说很盛行,虽然许多学者曾对此表示质疑,但苦于没有真凭实据。

1973年,浙江余姚河姆渡新石器遗址的发现,使我们看到距今约七千年的越地先民创造的伟大的原始文化。河姆渡文化在年代上早于仰韶文化,它的发现不仅对研究越文化起源具有不可替代的作用,而且对于中华远古文明的多元学说的确立具有划时代的重大意义。

图1-1 河姆渡新石器遗址

任何有特色的区域性文化,都有它独特的发生、形成和发展、演变的历史。考察文化发展的历史沿革,对我们把握地域文化的主体特征具有重要的意义。

那么,我们就先来了解一下几类历史文化的定义吧。

河姆渡文化(6900多年):1973年发现于浙江省余姚市河姆渡镇的遗址,共出土七千余件文物,说明早在七千年前,生活在中国东南沿海一带的先民们已经脱离了原始的状态,发展到使用成套农业生产工具、普遍种植水稻的阶段,农业已成为当时主要的生产活动。

马家浜文化(距今约 6000 年左右):马家浜文化是太湖流域母系氏族公社时期的文化,因 1959 年首次发现于浙江嘉兴马家浜而定名。

崧泽文化(距今 5000 年左右):崧泽遗址位于青浦赵巷镇崧泽村。崧泽文化前承马家浜文化,后启良渚文化,社会形态处于母系氏族社会向父系氏族社会的过渡时期,主要分布区域为苏浙沪及太湖流域。

图 1-2 马家浜文化

图 1-3 崧泽文化

良渚文化(4000 多年前):其名基源于在苏、浙、沪,特别是 1936 年以来在余杭的良渚、安溪、瓶窑一带发现了大批古文化遗址,出土了大量的历史文化精品,说明吴地先民进入了新石器晚期父系氏族公社阶段,史前文化高度发达的"良渚文化"闪烁着东方文明的曙光。

马桥文化(距今 3800 年左右):马桥遗址发现于 1959 年,位于今上海市闵行区马桥俞塘村,1982 年定名为马桥文化。从年代上来讲,马桥文化紧接着良渚文化,主要分布区域为苏浙沪及太湖流域。

图 1-4　马桥文化

其中,良渚文化的分布很广,它以太湖流域为中心,南限可达浙南的飞云江沿岸,北跨长江直达苏北的北端,西起宁镇山脉,东到海滨,并远达舟山群岛,同时,与华北诸省以及江西、广东的许多史前遗址表现出千丝万缕的联系。

研究表明,良渚文化是中国早期文明的前奏或雏形,集中体现了中国先民智慧的特征,它在史前文化序列中处于新石器时代晚期,父系氏族阶段,在一千多年的时间里所创造的一切物质文化和精神文化,形成了最初形态的国家政权——良渚古国。良渚文化的后续文化有马桥文化、好川文化、湖熟文化等,而马桥文化、好川文化、湖熟文化等又是越文化、吴文化的渊源。

良渚文化也是构成中国夏、商、周文明的重要因素。良渚文化中的祭祀礼仪、宗教文化、造型艺术、农耕渔猎、手工业技术等独特发明,是中国新石器时期长江流域最重要的考古学文化。

考古事实是:江南是稻作文化的源头。距今大约有9000年,长江流域已有水稻的栽培,6000年前的先民栽培水稻的技术已达到了较高水平,渔猎及养殖业、织造工艺在6500年前已经是相当的高超。

在如今的江苏常州地区,经过多年的考古发掘,发现了多处上述文化类遗址。

圩墩遗址

圩墩遗址是常州地区迄今发现的最早的古村落,号称常州第一村,距今数千年的历史厚重,无可复制。

圩墩遗址位于常州市戚墅堰区,文化堆积较丰富,遗存的年代跨度约为距今6200年—5900年。1989年12月被公布为省级重点文物保护单位。

圩墩遗址是苏南一处重要的原始社会时期马家浜文化类型聚落遗址,6000多年前,就有人类在此一带繁衍生息。遗址面积达20万平方米左右,已经过5次科学发掘,出土各类完整遗物千余件,陶石器标本数以万计。

图1-5 圩墩遗址

圩墩遗址出土遗物以陶器为主,石器、玉器、骨、木器次之,种类简单。陶器均为手制,器形主要为釜、罐、豆等。典型器物有宽圜底筒形釜、双牛鼻耳罐、敞口小平底厚壁罐、外部遍施红衣的深腹豆。陶器以夹砂褐陶为主,泥质红陶次之。纹饰以素面为多,少数器物施红衣,常有镂孔、弦纹、凸棱、捺窝、附加堆饰和花边装饰等。

这一阶段使用少量的木器和骨角器,石锤等大型生产工具开始出现,而木器和骨角器则相对少见。圩墩遗址原始的锄耕农业以种植粮食为主,另一部分生活资料靠打猎、捕鱼和采集野生植物加以补充。

另外,圩墩遗址崧泽文化墓葬中的典型器物和器物组合与上海青浦崧泽遗址墓地中层相当,年代距今 5100 年前。根据地层堆积和年代测定数据比较,圩墩新石器时代居民在此地生活大约延续了一千多年。

在早期阶段,这里的气候较现今温暖湿润,遗址附近植被为常绿阔叶林与落叶阔叶混交林,周围湖沼水网纵横分布,雨水充沛,这样的自然生态环境较为适合动植物的生长繁衍,也具有水稻等农作物生长得天独厚的自然条件。

从发掘出土的动物遗骸鉴定主要种类有猪、梅花鹿、四不象、獐、龟、鳖、蚌、螺等。结合同时期地层大量出现的镞、矛、锥、匕等木制和骨制品,证明采集和渔猎在当时的经济生活活动中占有一定比重。

值得一提的是,木器的普遍使用是圩墩遗址马家浜文化早期阶段的一个显著特征。根据其用途考察,当时木器在农业、狩猎、捕捞、交通以及日常生活等诸多方面广泛应用,成为人们生产和生活中不可或缺的工具。遗址中出土的木橹和多支木桨,说明圩墩人已能制造独木舟之类的水上交通工具,自由地在河湖上航行、捕鱼。在征服自然上迈出了坚实的一步。这里出土的木橹是全国新石器早期遗址中仅见的,人们称它是"中华第一橹"。

圩墩先民的埋葬习俗从文化遗存的早期阶段开始,氏族内部便有自己的公共墓地。就整个发掘的范围来看,圩墩遗址马家浜文化墓葬出土的人骨架保存情况较好,为太湖流域古人类学研究提供了实物资料。而且据完整头骨的情况看,当时拔牙成风,为我国史前居民拔牙风俗的研究又增添了一批实物材料。

新岗遗址

　　新岗遗址位于常州市钟楼区五星乡和新北区三井乡交界处,是常州一处重要的史前文化遗址。其时代跨度较大,包括了马家浜、崧泽、商周多个时期的文化地层,其中又以距今 5800 年—5200 年的崧泽文化时期最为繁荣。勘察表明,该遗址总面积约 32500 平方米,中心区域面积 20000 平方米左右。

图 1-6　新岗遗址

　　新岗遗址崧泽文化客观地反映了 5000 多年前新岗遗址常州先民们的生活状态。新岗遗址先后进行了 5 期考古发掘,累计发掘面积约 1700 平方米,发掘墓葬 120 座(包括新石器时代墓葬 115 座、春秋时期墓葬 1 座、汉墓 1 座、宋墓 1 座等),房址 4 座,灰坑 13 座,水井 3 座,灰沟 3 条;出土陶、瓷、石、玉器等各类文物 1000 余件,陶片 30000 余片。

　　2012 年 12 月,《常州新岗——新石器时代文化遗址发掘报告》正式出版,这是第一部全面反映太湖西北部崧泽文化的考古发掘报告,填补了江苏省崧泽文化时期考古发掘报告的空白。

考古和文史专家评价,常州市北部的新岗遗址,处于长江下游文明化进程的两大结点上:一是太湖流域、宁镇地区和江淮东部的空间结点,二是菘泽中、晚期至良渚文化早期的时间结点。其发现不仅为太湖西北部菘泽文化的发生、发展、演进和转型进行动态研究提供了翔实的考古资料,也为新石器时代长江下游地区文化传播路线以及不同文化区之间相互关系的研究提供了全新的科学资料。

良渚文化的分布主要在太湖流域,包括余杭良渚,还有嘉兴南、上海东、苏州、常州、南京一带;再往外,还有扩张区,西到安徽、江西,往北一直到江苏北部,接近山东,良渚人曾经为了占领这里还打了一仗;再往外,还有影响区,一直到山西南部地带。当时"良渚"势力占据了半个中国,如果没有较高的经济文化水平,是不可能做到的。

良渚文化的玉矿在哪里?1982年,在常州溧阳小梅岭发现透闪石软玉矿藏,经取样鉴定,此矿藏的软太硬度在5.5—6度之间,玉石的质地细腻,色泽呈白色和青绿色,透明度较好,呈蜡状光泽,与良渚文化玉器所用玉料相似。这一发现兴奋了考古学术界,专家们普遍认为,良渚文化的玉料来源可以确定是就地取材,而非远地转运,有关玉料来源这一重要问题已得到初步解决。从此,良渚文化被认为是中国文明发展史上一颗璀璨的明珠而载入史册。

寺墩遗址

寺墩遗址位于常州东北约15公里的郑陆镇南三皇庙村区域内,突兀而起的大土墩,俨然小山丘的形状,人们称之为"寺墩"。老人们说,上古时期,赤脚大仙从此处经过,脚上洒下三点泥土,落地成三墩,其中之一就是寺墩。有人说,因为寺墩南坡下原有一座名为"南城寺"的寺庙,故名其为"寺墩"。也有人说,这是南朝梁昭明太子萧统的墓葬。关于寺墩纷纭的传说更增添了它神秘的色彩。

图1-7 寺墩遗址

寺墩遗址于 1973 年被发现,据考古证明为一处新石器时代晚期良渚文化遗址。寺墩高出地面约 20 米,呈椭圆形,占地约 90 万平方米。

经历了 5 次较大规模的考古挖掘,出土陶、玉、石器等共 382 件,其中玉璧、玉琮占 69 件。其中最长的一件分为 13 节,高度约为 36.1 厘米,为良渚

图1-8 环型玉琮

文化出土玉琮之最;另一件高 33.5 厘米的玉琮有 15 节,其节数之多则为良渚文化出土玉琮之罕见。最精致的一件环型玉琮,表面刻有 4 组形象的兽面纹,繁简有致,线条流畅和谐,并且整体制作精良,堪称精美绝伦的工艺品,使人惊叹不已。

根据地层堆积及清理的两座墓葬,寺墩遗址分两个文化层:下层属崧泽文化,上层属良渚文化,距今约 4500 年。

寺墩墓地是良渚文化一处氏族显贵及其家庭成员的墓地。通过分析玉琮上的兽面纹与商代青铜器上的饕餮纹,又可考证良渚文化是中国古代文明的渊源之一。在中国考古学研究中,探索"五千年文明古国"的课题,就这样因武进寺墩、青浦福泉山等良渚文化高台墓地与"玉敛葬"墓的发现及其认识的深化而提了出来。1995 年,寺墩遗址被江苏省人民政府公布为第四批省级文物保护单位。

象墩遗址

象墩遗址位于常州市新北区春江镇杏村南 100 米,是长江下游地区新发现的一处重要良渚文化遗址。遗址范围约 55000 平方米,中心为一圆形大土墩,称作象墩,占地面积约 4000 平方米,经三级台地过渡到平地。遗址外围有一周环壕。环壕大体呈方形,宽 8—15 米,水面最宽处 40 米,深 2—4 米。遗址东距常州古河道老澡港河 200 米,环壕与老澡港河相通。由于未经发掘,该环壕与遗址之间的关系尚不明确。

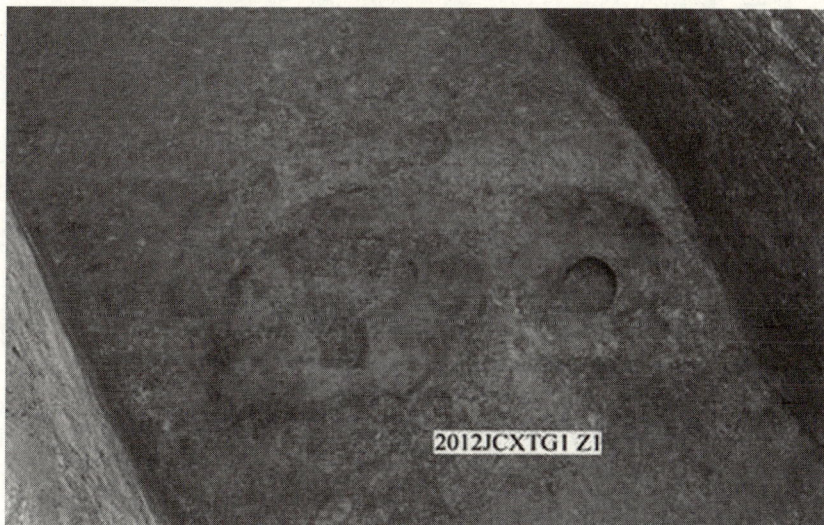

图 1-9 象墩遗址

象墩遗址经过试掘，共清理灰坑 11 个、灶台遗迹 1 个、柱洞遗迹 3 组、烧结面 2 处。清理的 11 个灰坑中，均为新石器时代晚期至春秋时期遗迹。出土的遗物包括石箭镞、石锛、青铜箭镞及大量印纹硬陶和原始瓷器，其中鼎足和印纹陶具有马桥文化及湖熟文化特征。从地层所包含的遗物判断，3 组柱洞均属于良渚文化早中期遗存。探沟中还发现良渚文化时期的红烧土灶台一座。

长江南岸的江阴至丹阳一带，鲜有良渚文化遗址的发现，位于江阴与常州交界的高城墩遗址，原来被认为是良渚文化遗址分布的最北端。随着象墩遗址性质的确定，以及位于江北的兴化市蒋庄遗址大量良渚文化玉器的出土，说明长江绝不是阻挡良渚文化向北传播的天堑。良渚文化时期的先民不仅在长江以南建立起高度文明的聚落，也在长江北岸播下了光明的种子，并将这种发达文化的基因传播至更遥远的新沂花厅遗址。

调查还显示，在象墩遗址周边一带存在多个以墩命名的地点，不仅有寺墩、高城墩这两处重要良渚文化遗址，还有大墩、黄城墩、绿城墩等不晚于明清时期的遗存。除高城墩遗址因早年取土破坏较严重，不清楚外围是否有河道外，这些称作墩的地点，包括寺墩遗址在内的其他地点，都是中心为高地，外围有一周或数周河道。这种形制与古淹城遗址非常相像，它们之间应存在一脉相承的关系，可能代表了江南地区独有的聚落形态。

还有位于常州市武进区梧冈村姚家头的坞墩遗址，根据文物部门的确认，坞墩遗址为 6000 多年前新石器时代的马家浜文化遗址，遗迹中有大量新石器时代的文物和建筑遗存，有重要的文物研究价值。新丰村张家湾的乌墩为 5500 年前的新石器时代崧泽文化遗迹，此地文化的居住房址 10 座、墓葬 8 座最为重要。据此分析，墓主生前可能是氏族首领。尤其房址遗迹的发现，是各地崧泽文化遗址发掘所少见。

从现存的文献资料看，《诗经》时代的十五国风固然反映了明显的多元色彩和地域差异，春秋战国时期各诸侯国的不同的政治、经济、文化格局也都能让人感受到多元文化的无穷魅力。

我们的先人对文化的地域差异的认知是自觉的，《左传》、《吕氏春秋》等典籍对各地的服饰、语言、宫室、舟车器械、声色滋味之异的零星记载,《汉书·地理志》所附的朱赣关于风俗地理的文字,都不失为精彩的表述。

同时,经基因鉴定确认,"良渚遗址"出土的人物是百越后裔。

第二节　古越文化

经基因鉴定,良渚人是百越后裔。百越又称"於越",青铜器铭文写作"戉"。《说文》:"戉,大斧也。"在浙江嘉兴、余杭曾发现一些有捆扎安柄痕迹的穿孔石斧,其用途有二:一为砍劈工具,二作武器。随着时代的发展,"戉"逐渐演变成为王权的象征——钺。所谓"夏执玄戉,殷执白戚,周左执黄戉,右秉白髦",其意义就在这里。早在河姆渡文化和马家浜文化时期,石钺就十分发达,良渚时期的玉钺制作精良,与玉琮伴出,已成为身份等级的象征。生活在这里的古代居民便自名为"越",北方齐鲁一带的人则读为"於越"。

古越先民生活在长江下游的东南沿海一带,亚热带温暖的气候,充足的雨量,丘陵和平原交错的地理环境,蕴藏着十分丰富的自然资源。因此,在史前的古越大地上,较早地绽露出人类文明的曙光。

考古发现表明,先民在这里曾创造了灿烂的新石器时代文明,这个地区不仅有着完善的史前文化遗址,还发现了古越先民 8000 多年以前舟船制造的技艺。由于生活在濒临江海湖泊的自然地理环境里,越人很早就发明了水上交通工具,舟船的制造和利用可以说是古越先民最伟大的贡献。

余姚河姆渡遗址向人们展示了 7000 多年前古越先民开凿的水井、人工栽培稻以及水生动物(包括鲸、鲨)捕捞遗存。为了适应该地区多雨潮湿的自然环境,越人创造的全新的"干栏"式建筑样式是目前世界上发现的最早的同类遗址。到了距今 5000 年—4000 年的良渚文化时期,人们发现了许多植物的种子、农具和大量制作精美的玉器,可见当时农耕和手工业水平的提高。

图 1-10　古越先民生活

图 1-11　古越先民文字

在越文化的发祥地,伴随着众多文化遗址的相继发掘所提供的大量实物证据,表明彼时的古越先民生活在近海的平原地带,已较早地进入了农耕社会,并已建立起近万年的文化发展序列。从河姆渡、良渚等新石器时代文化遗址,到马桥等青铜时代的文化遗址,越地史前文化的发展脉络是完整的、清晰的。

图 1-12　古越遗址

然而,在近万年的文化发展序列中,到距今 4000 年左右的新石器时代末期,越地曾一度发生了文化逆转,先进的良渚文化在越地突然消失。在夏、商、周整整三代的历史时期,越地的文化始终处于低迷状态,明显落后于同时期的中原文化。

究竟是什么原因导致越地文化的突然逆转呢?现代环境科学研究和考古发现成果认为,在距今 4000 年前后,中国存在一个全新世大暖期,中国东部有传说中历时数代的灾难性的大洪水可能导致良渚文化的结束。气候与环境研究方面的学者不仅认为中国远古历史上因全球的气候突变曾发生过大洪水,而且对洪水发生的时间还有一个比较一致而明确的认识,即距今4000年前后。在第四纪最后一次海侵即卷转虫海侵以前,於越民族早期居住的是一片自然条件比较优越的近海平原。但在海侵的过程中,这里沦为一片浅海,於越族开始流散。於越民族在会稽山地渡过了几千年的迁徙农业和狩猎业的生活。及至海退以后,於越族繁衍生息的这块肥美平原已经成为一片沮洳泥泞的沼泽地。

千百年来广为流传于越地的大禹治水的传说,是一种自然人文过程在越族人民头脑中的曲折反映,即卷转虫海侵,淹没东部沿海平原,然后随着海退的过程及越族人民胼手胝足,改造这种恶化了的自然环境,从而使东部沿海平原再度露出海面。在这个过程中,於越部族建立起来的越国谱写的一段艰苦卓绝的历史是值得关注的。

据相关史料记载,夏王启元年(公元前2061年),夏王启派使者来江南,祭禹于会稽,在南山建立宗庙。此为历代祭禹典礼之始也。

夏王太康十九年(公元前2004年)起,经历了后羿趁、寒浞、子浇、过浇、戈獶和夏王少康等人的统治。夏王杼元年(公元前1891年),越王无余受命建立越国,定都秦余望南(今诸暨乐山),文身断发,披草莱而成邑;不设宫室之饰,从民而山居;租贡才给宗庙祭祀之费。於越已经具备国家雏形,逐步向奴隶社会过渡。

考古发现证明,今天长江下游地区的古文化面貌的确有一些夏文化的因子,夏、越之间的确有许多联系。

河姆渡文化和良渚文化是越文化的前身,它在史前的新石器时期就大放异彩;在春秋、战国时代,越文化曾风云突起、声名远播,成为地缘属性和文化品质突出的区域文化之一。越文化有自己的源头和独立发展的过程。越文化形成的地理物质因素表明:越文化赖以生存发展的自然地理条件和植根的经济基础是与地域密切相关的。农耕稻作文化构成了越文化经济的主体,水利海洋文化是越文化的特色,手工业文化是越地多元经济的有机组成。

越文化发生于长江下游,被视为长江文明的有机组成,它在中国文明史上的地位,从区域文化宏观研究角度,需要与长江文明联系起来考虑;若具体到越文化发生形成的历史背景,则须与越地史前和历史时期的地理自然环境相维系了。

如果说越文化的史前成果和主体特征主要依靠近代以来的考古发掘作为有力的物质支撑的话,那么严格意义上的越文化形成于有文字可稽的春秋时期。越文化有史可稽的部分,则多依赖于古代文献资料的辑存描述和考古发现的同步印证。在当时已经建有国家政权的几支区域文化中,越民族文化是特色最为鲜明的一支。越地的史前文明主要以物态的形式表现出来,进入文明社会以后的越文化,除了固有的物质因素外,则更多地记录生活于斯的民族的生存状态和精神特征。这些,在语言和风俗方面表现得尤为突出。

春秋时期的越文化有越地史前的考古学文化作为依托,植根于独特的自然地理环境,又创造出有史以来鲜明的地域人文环境。他们有自己的民族语言,有本民族建立起来的政权形式,他们的习俗不同于中原的华夏族,有很多土著的异端因素,意识形态方面与中原观念迥异。

总之,这些已经初步形成了赖以生存发展的物质文化基础和精神文化的特色。其间存留着古老百越族习俗文化的传统基因。这不限于典籍上记载的古越人断发文身、凿齿锥髻、踞箕而坐乃至喜生食、善野音、重巫鬼之类的原始风情,也包括流传于后世的种种越地的民情、礼俗、衣食住行等生活方式及民间信仰,尤其是从这些习俗信仰中反映出来的越人的质朴、悍勇和开拓进取的心理特征,一种多少带有野性成分的精神气质。

《汉书》卷六十四中记载:"越人愚憨轻薄,负约反复,其不可用天下法度,非一日之积也。""越人性脆而愚……"其实北人视为愚,只是说越人不可训,此"愚"没有呆笨之意。因为从南方各地出土的文物中可以看出,吴越民族的兵器、农具、陶器等无不透出聪慧和灵气。越人的纺织和蚕桑,在历史上记载较多且声誉极佳。越人就是在创造这些细腻文化的同时,形成了他们坚韧、忍让的性格。

越地民俗是越文化中最富于区域文化特色的一个部分,其间存留着古老百越族习俗文化的传统基因和精神气质。正是这样的气质,使得越文化不仅与讲究礼乐纹饰的中原华夏文明有显著差异,就是同邻近地区的其他文化相比,亦呈现出其自身的个性。

而在新石器时代曾经创造过璀璨文明的古越部族,直到西周时期,他们的身影才偶尔出现在中原文明的舞台上。今本《竹书纪年》记载,周成王二十四年(约公元前 11 世纪),"于越来宾"。此后又是漫长的岑寂,一直到公元前5 世纪,越部族涌现了一位雄才大略的领袖越王勾践,越部族才正式开始跻身于逐鹿中原的历史舞台。

考古和史料说明,太湖流域地区的先民亦属上古百越族的一个分支,其风俗习惯与越人相仿。但此地距中原为近,开发较早,接受华夏文明的浸润较深,其百越文化的基因便不够显扬;加以身处太湖流域的平原地带,为典型的"鱼米之乡",经济富足,生活安定,也容易养成人们求稳怕乱的守成心态。

而且,春秋战国时的古人也明白这一点。《吕氏春秋》记载了伍子胥说:"夫吴之与越也,接土邻境,壤交通属,习俗同,言语通",汉代的赵晔在《吴越春秋·夫差内传》中也写道:"且吴与越,同音共律,上合星宿,下共一理。"至于专门记录越国历史的《越绝书》更是直截了当地说:"吴越二邦,同气共俗。"

常州籍史学家吕思勉在《中国民族史》中认为,夷与越是同一民族,淮北称夷,江南称越,一个地域文化所代表的文化精神,总是与其早期的生活环境分不开的。

第三节 舜与江南

常州地区古代的原住民也是百越人,遗传着越文化的因子。其中,就有一位先圣曾经在常州地区生活过,留下了足迹和精神,他就是舜帝。

史载,上古时期,伏羲、神农、黄帝为三皇,少昊、颛顼、高辛(帝喾)、尧、舜为五帝,合称"三皇五帝"。《史记》中记载:"天下明德,皆自虞舜始。"传说舜帝开创了中国德治文明的崭新时代,为人类社会走出童年时代提供了全新的社会规范。《尚书·舜典》载:"肇十有二州,封十有二山,浚川。"即分为 12 个州管辖地方,疏通河道。司马迁《史记》云:"尧知子丹朱之不肖,不足授天下,于是乃权授舜。……夫而后之中国,践天子位焉,是为帝舜。"特别值得注意的是,从舜帝开始,才有"中国"之名。

图 1-13 舜帝

我们知道,任何国家远古的历史都会带有神话色彩,即便从东汉算起,离舜的时代也有两千多年,所以要从遗址考证舜存在的真实性仍然比较困难。但发现毕竟为研究舜帝传说这一非物质形态的文化遗产的形成、演变提供了珍贵的考古资料。

舜帝,是黄帝的九世孙,中华始祖"三皇五帝"之一,中华文明的重要奠基人,中华道德文化的创始人。舜帝以积极进取的开拓精神、天下为公的伟岸胸怀,以德治国、追求国家统一的抱负,选贤任能、清明公正的美德,成为中华民族数千年人文精神的光辉典范!舜帝,是中华民族从原始氏族部落社会向国家社会转折时期杰出的部落联盟首领,是中国历史上第一位开拓珠江、长江流域的上古圣君,对这些地区的道德文化和生产力发展发挥了初创作用,建立了丰功伟绩,可谓是其文明始祖。

舜,姓姚、有虞氏,又称虞舜,又名重华,字都君。生于姚墟(今浙江余姚),生活在大约公元前 2277 年至公元前 2178 年之间,

相传,舜从小受父亲瞽叟、后母和后母所生之弟象的迫害,屡经磨难,仍和善相对,孝敬父母,爱护胞弟,故深得百姓赞誉。舜曾辛勤耕稼于历山,渔猎于雷泽,在黄河之滨烧制陶器,在寿丘(今山东曲阜)制作日用杂品,在顿丘(今河南浚县)、负夏(今山东兖州)一带经商做生意。年轻时就"好学孝友",闻名四海。因品德高尚,在民间颇有威望。他在历山耕田,当地人不再争田界,互相很谦让。人们都愿意靠近他居住,两三年即聚集成一个村落。

时部落联盟领袖尧年事已高,欲选继承人,众人一致推举舜。于是,尧分别将自己的两个女儿娥皇、女英嫁给舜,让九名男子侍奉于舜的左右,以观其德;又让舜职掌五典、管理百官、负责迎宾礼仪,以观其能。皆治,乃命舜摄行政务。

图 1 - 14　舜帝

尧去世后,舜即位。他成为有虞氏部落的首领后,更是以身作则,他选贤任能,举用"八恺"、"八元"等治理民事,放逐"四凶",任命禹治水,天下大治,完成了尧未完成的盛业。

舜帝继位前后所实践和规定的伦理道德观念与准则,则是更能说明其文化意识及其自觉性。《尚书·舜典》中记载,舜被尧用为接班人,是因为他真诚善意地履行父义、母慈、兄友、弟恭、子孝这五种伦理道德规范,并使人们也能遵守这些规范。显然,这些规范是具有强烈的文化色彩的。舜帝以此而规范全民之道德,自然也以此规范他亲自开发和统一的南方地带,使这片未受过道德规范熏陶的"南蛮"地区受到了道德文化的滋润和启蒙。这对于太湖文化地域来说,具有文化开创意义。

从《尚书》记载中还可见,舜接帝位时,命夔管典乐,并提出了发挥文艺教育作用的看法,说典乐可"教胄子,直而温,宽而栗,刚而无虐,简而无傲。诗言志,歌永言,声依永,律和声"。

据《尚书·舜典》记载:舜在接受尧的禅位后的当年,先后到东、南、西、北方巡察,到达南方的时间是五月,到达南岳后,像到东方祭祀岱宗(即东岳泰山)那样祭祀南岳。即:"五月南巡守,至于南岳,如岱礼。"此后,他坚持"五载巡守",即每隔五年到四方巡守一次,一直到死,可见他到南方的次数是不少的。他巡狩四方,整顿礼制,减轻刑罚,统一度量衡。要求人民"行厚德,远佞人",孝敬父母,和睦邻里。在其治理下,政教大行,八方宾服,四海咸颂舜功,因而《史记·五帝本纪》称"天下明德,皆自虞帝始"。传舜帝去世于南巡途中苍梧之野,葬于江南九嶷山。

对舜帝南巡有记载的"正史"、"正经"很多，而最早、最有权威的要算《山海经》、《尚书》、《竹书纪年》、《帝王世纪》、《史记》。《尚书》跨越 1600 年时空，记录了从尧、舜至秦的连续历史。从尧舜时代开始，出于治国安民的需要，统治者就将他们的谈话和政令刻写在竹、木片上，用于宣传和保存。《尚书》就是这样一些官方文件的汇编。

1972 年，长沙马王堆汉墓考古发掘，在三号汉墓中出土了 3 幅帛书地图，这些地图是世界上已发现的最早的地图。其中有幅《长沙国南部地形图》，地图所绘区域正是今永州市南 6 县。这幅随葬于公元前 168 年的地图，其九嶷山中心绘有 9 根柱状物，柱状物有 5 个山一般的屋脊，旁注"帝舜"二字，意为"九五之尊"。国家文物局、中国文物研究所、清华大学等单位的众多考古专家论证：舜帝南巡，并不是美丽传说，本次考古有众多重大发现，让这一传说从神话走向了现实。

传说，年事已高的舜帝，心里却放不下黎民百姓。于是，他又带领几名随从，打鸣条出发，南渡黄河，经中原大地，向江南进发。

这一天，舜帝一行人来到常州焦溪的高山一带，只见江面越来越宽，水势越来越平，便上了岸，登上了山。高山高 115 米，山上树木郁郁葱葱，舜帝非常喜欢这个环境，就在山上驻扎了下来。他舒坦地连睡了几个昼夜，便开始在周围巡视。

这里主要居住的是百越土著人的部落。舜帝亲眼看到，有的地方人仍住在山窑土洞里，阴暗潮湿，舜帝便教他们营造土屋，改变居住条件。喝的水又脏又少，就教他们凿井取水。有的以兽皮为衣，又脏又厚，夏天热得要命，舜便教他们学习麻织，改变服饰。有的不懂牛耕，舜便教人们耕作技术，为泄洪灌溉之用而开挖河道，发展农业。舜生性敦厚，宽厚仁爱，村民们都愿意和舜接近。舜在舜过山一带教导村民如何插秧种稻。土著人对舜帝的英明早有所闻，这下更佩服得五体投地。

因为舜在当地给老百姓办了许多好事，老百姓非常尊重他，留下了许多美好传说，一些地名也与这种传说密切相关。据《武进县志·古迹》记载：把舜曾途经的高山改名为舜过山，在舜过山上建有舜庙，舜庙有南北两座，相对而立,殿宇巍峨。庙前有一巨石,留着两个清晰的脚印。据老人们说,那是舜帝看到太湖水泛滥,心中烦躁,连连跺脚而留下的。同时,还留下了"舜井"、"舜田"、"舜河"和"舜迹桥"等地名。在舜过山上,人们发现了不少石器时代的石锅、石斧、石犁等,传说是舜使用过的生产生活用品。在舜过山上,有一块"舜锄石",传说那年天旱无雨,禾苗枯焦,舜为民焦虑,以锄击石而留下的。

图1-15　舜井

　　舜帝南巡高山,不仅理清了舜帝与太湖流域、与常州的历史渊源,更让人意识到了"上古舜帝南巡"在中华民族文明史发展进程中具有典型意义。以舜为主体形成的道德文化,主要表现在家庭人伦、为人行事、仁德政治诸方面,是中华民族道德文化之源。

　　四千年历史长河浩浩荡荡,它淘尽泥沙、亮出金石,千年不灭,万年不磨。舜在舜山地区的舜井、舜田、舜河、舜迹桥等众多遗迹和他为民办事的动人故事,大部分得以留存和传扬。更重要的是,舜留下的"德为生,重教化"的文化精神之魄,世世代代地影响着这方后人。

第四节 古奄南迁

那么,常州的"淹城文化"之名又是缘何而起呢? 当然,淹城古遗址就是其很好的佐证之一。

淹城古遗址坐落于常州市武进区湖塘镇西南隅的淹城村,是我国目前保存最古老、最完整的地面城池遗址。

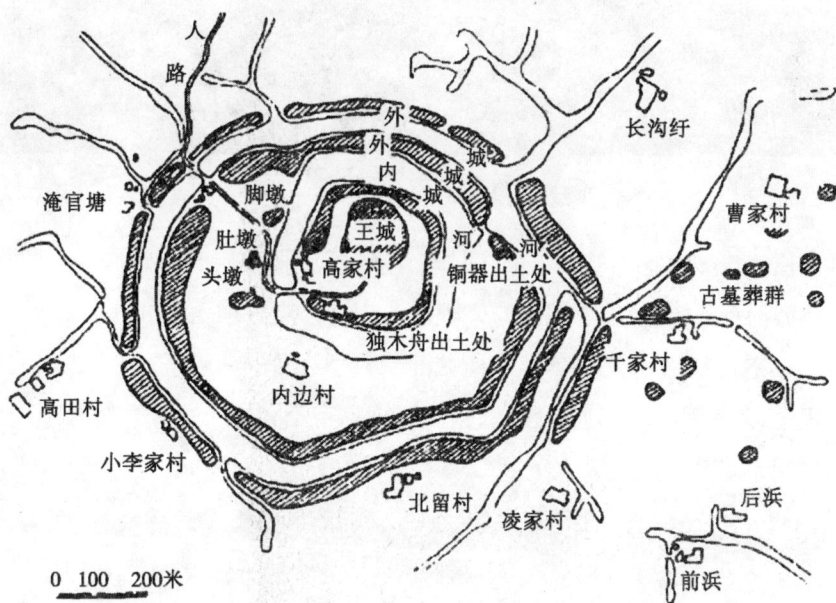

图1-16 淹城老图

淹城凡城三重,分子城、内城、外城,挑土堆筑而成,均有城河护卫。外城,又称外罗城,为不规则圆形,周长约2500米,城高在海拔9至13米之间,宽度25至40米;内城,又称里罗城,呈方形,周长约1500米,城高在海拔12至15米之间,宽20米左右;子城又称王城、紫罗城,呈方形,周长500米,城高海拔11米,宽10米左右。外城河周长3000米,宽50至80米,深5米;内城

图1-17 古淹城

河周长1500米,宽50至70米,深4米;子城河周长500米,宽30至40米。三道城河互不相通,唯外城河与外界河流相连。淹城东西长850米,南北宽750米,总面积约65万平方米。淹城面积大小,正好与《孟子》中"三里之城,七里之廓"的记载相印证。在当时,只有国家帝王才能有这种建城形制。当地民间流传着一首民谣:"里罗城外罗城,中间方形紫罗城。三套环河四套城,千古之谜在奄城。"生动形象地反映了淹城的形制和面貌。

1958年,淹城村民挖泥聚肥,将护城河内的水抽干后,意外地在内城河中挖出了一条独木舟和一批青铜器,共25件珍贵文物。随后在淹城内城河中,他们又先后挖出了3条独木舟和一批青铜器、陶器等文物。在4条独木舟中,最大的一条长达11米,宽0.9米,壁厚0.3米,深0.42米。据经碳14测定,它属西周遗物,距今已有2900年历史,是用整段楠木挖空而成,内壁有焦炭和斧凿的痕迹,充分证明当时的独木舟是用火烤以后所造,与《易经》中"刳木为舟"的文字记载相印证。这条独木舟,被誉为"东方造船业的鼻祖"和"天下第一舟",现保存于中国国家历史博物馆。

图1-18 淹城内城河

1986年5月到1991年的数年间,我国考古界对淹城进行了为时6年的考古发掘,出土了尊、牺簋、三轮盘、勾金翟等青铜器,以及原始青瓷器几何印纹陶器等四大类数以千计的西周、春秋时期的珍贵文物,更加奠定了淹城的历史地位和考古价值。

东汉袁康的《越绝书·吴地传》云:"毗陵县南城,故古奄君地也。东南大冢,奄君子女冢也,去县十八里,吴所葬。"这是目前对淹城最早的历史文字记载。

那么,淹城到底是何人所留遗址呢?其最初筑城时代又为何时呢?依据现有的文献资料和考古发掘资料分析,淹城应为西周早期位于淮夷旁的奄族南迁江南后定居所留遗址。史籍《太平御览》八十三引《古本纪年》有云:"南庚更自庇迁于奄。"

关于古奄国的居地,史籍也是有记载的。《续汉书·郡国志》云:"鲁有古奄国。"《说文·邑部》云:"奄国在鲁。"《括地志》云:"兖州曲阜奄里,即奄国之地也。"《山东通志》也云:"奄即曲阜旧城址,谓之商奄。"据上史籍所载,古奄国居地在今山东曲阜处。奄地曾一度作过商的都城,商王盘庚自奄迁都于殷后,奄即成为商的诸侯国(这时的奄其实是殷商的陪都了),嬴姓,"禽簋"铭文中有"奄侯"之称就是例证。

周初,武王死后,其子成王年幼,周公摄政。当时,武庚联合了管、蔡二叔以及商的属国奄、徐、楚等十几个国家一同向西进军,反周阵营声势浩大。周公在千钧一发之际,举兵东征,其间,奄国国都曲阜被灭,奄君也被周公所杀。

关于这方面的情况史籍有记载,如《尚书大传》云:"管叔、蔡叔疑周公,流言于国曰:'公将不利于王',奄君、薄姑谓禄父曰:'武王即死矣,今王尚幼矣,周公见疑矣,此百世之时也,请举事'然后禄父及三监叛也。"该书还云:"禄父及三监叛世,周公……杀禄父,遂践奄。践之云者,谓杀其身,执其家,潴其宫。"《孟子·滕文公下》有云:"周公……伐奄三年讨其君。"《说文·邑部》也云:"奄(右加耳字旁),周公所诛。"

奄国被灭后,奄的一部分人做了鲁国的奴隶,奄的贵族和一部分民众为求生存,南迁到淮夷旁(今淮河下游一带),重新建都和定居。

图1-19　淹城出土独木舟

奄族这次南迁后,对周公耿耿于怀,经奄新君的苦心经营,国力大增,再次联合淮夷和徐国反周。是时,成王正式执政,为显示周的实力和自己的才能,他作出了"鲁征淮夷"和"王亲征奄"的决定。奄国再次被灭。

当时奄国所在地理位置,北面是周的封侯国鲁国和齐国,东面是淮夷,南面是徐国,西面是成王伐奄的进攻路线,奄唯一的生路就是请求徐国许可,经其领地,越过长江迁至江南定居。而目前江南发现的春秋之前的古城池遗址中,与奄有关系的只有位于武进境内的淹城遗址。且《括地志》云:"淹、郁、奄,古今字耳。"因此,奄族南迁后定居淹城内可能性最大。

从淹城出土的独木舟年代来看,与奄迁江南定居时间相吻合。且独木舟的制造方法是由整段的楠木或柏木经火烤后凿成的,可与《易经》中"刳木为舟"的记载相印证。这是地道的中原文化模式,是奄人从山东带到江南来的显著文化特色。

1958 年出土了多件青铜器,从其纹饰能看出带有显著的中原文化特色。如青铜尊上所饰的连珠(重环)纹,三足匜上饰的夔纹,以及三轮盘上和牺簋上所饰的鱼鳞(垂鳞)纹等。

1986 年至 1989 年,江苏省淹城遗址考古发掘队在第五次发掘中,重点发掘了最大的头墩。从淹城头墩大墓有墓室,墓室内有积炭,并有棺、椁等葬具来看,具有鲜明的奄人中原文化特色,且与《越绝书》所记载的"吴所葬"之意也完全吻合。

另据《窦氏宗谱》中《淹城记》记载:"商末奄君助纣为虐,周公伐之,被驱而鼠居于斯,因土为城,凿沟为堑,负故自守,今之高陇深池是其遗踪耶。"

奄族人迁徙江南地区后,初居地是今镇江句容茅山处,可通过考证得出。至正《金陵新志》记载句容茅山处有山名"华盖峰","华盖峰"之名当与该处古有华、盖族人居此有关。"盖"、"奄"二字古音同,可通用,史籍中"商奄"也称"商盖"就是例证。据此可知,今句容茅山华盖峰附近昔有华族人和奄族人居此,结合江南地区最早时代的"土墩墓"出现在今镇江辖区内,故可说今句容茅山华盖峰附近就是奄族人迁徙江南地区之后的初居地。

之后,奄族人在西周康王时期迁至现淹城处,因为"奄"、"淹"二字古音相同,可通用,故"淹城"即为"奄城",结合淹城内城河出土的独木舟经碳 14 测定为公元前 1050±120 年,干家墩土墩墓出土有西周时期的文物,故可确定淹城应为西周康王时期奄族人的南迁居地。

现在淹城内外还散布着成百上千个土墩,最大的一座称"磨盘墩",面积竟逾 6 万平方米,小的也有数百平方米。有历史学家认为,这与城防有关。1987 年 11 月上旬至 12 月底,考古学家试掘了一个干家墩,出土了 40 余件精致的陶器和青瓷器及部分骨骼,进一步证实这些土墩为古墓葬群,但葬者何人仍难定论。而从淹城挖掘的珍贵文物中,还有七件套编钟、三轮铜盘等大量青铜器皿,足以能证明主人身份的非同凡响。

图 1-20　淹墩

说淹城,不能不提到滆湖。滆湖为何名"滆"? 古代"滆"与"鬲"通,鬲者,亦称献,是西周人对被周公所灭的奄等 17 国贵族俘虏的专称,也就是殷顽。离淹城这么近的湖被称为滆湖,这个信息太有价值了。它首先可佐证奄城与武庚、奄君等殷顽叛军有关,这种巧合实属罕见。而滆是贬词,绝非奄人或奄城居民所起。据考证,奄城利用的时间较短,奄城成奄国很可能被后起之秀吴国在春秋晚期攻占,奄人被押往滆湖周围为奴,因其祖先"殷顽"的身份,该湖就被当时正统人士称为"滆湖"。

最后,说奄城,还要联系到城湾山石室土墩。在武进南部、太湖北滨,距奄城、滆湖不远处有大小 10 余座海拔 100 米左右的山峰,山顶坡垄之上分布着200座以上石室土墩墓，这类似山东奄人葬俗，而不挖穴道，建于山顶，则可能因常州非奄人故土，死者存有光复故国后归葬奄土之念。为何在流行堆土为墓的整个太湖流域，会出现城湾山石室土墩这一特例？1981年清理当地7座石室土墩，出土器物年代有早晚之别，早期约为西周晚期，晚期约为春秋早、中期，这与奄城的历史大致一致，足见墓主人为常州奄国贵族。

再看1957年奄城出土的国家一级文物三轮铜盘。三轮盘制造年代为春秋，材料是青铜，高15.8厘米，盘径26厘米，轮径7.8厘米，由盘、三轮和双兽组成，盘呈圆形，腹部饰一圈编织纹，具有浓厚的地方色彩。盘的圈足上安装有三个轮子，前轮两侧各铸一条回身欲饮的龙形兽，兽身从盘底伸出，上折，曲线优美，极富装饰意味，同时也是轮盘的把柄。

此盘铸造精美，设计别具匠心，盘体素雅，与轮结合成一体，别具动感。这种极富创意的盘形不见于其他任何地区，可能和当地独特的文化背景有关。木车在北方有悠久的历史，是中原地区的主要交通工具。太湖流域多水，舟是生活中的常物，直至春秋晚期才开始使用车。车在当时是新奇之物，在设计和铸造青铜器之时模仿车形也是极为可能的。正是新鲜的创造性思维造就了这具极富浪漫气息的三轮铜盘，从而产生了中国青铜艺术中的一朵奇葩。

图1-21　三轮铜盘

　　三轮铜盘前轮两侧各铸一条回身欲饮的龙形兽,是轮盘的把柄。轮盘的把柄其实是夏商时期龙的雏形——鸟龙的形态。盘前竖起的一对执手,大眼睛、阔扁嘴、头顶向后有一撮卷起的羽毛,似鸳鸯,头顶羽毛侧面、眼部、颈部均饰鱼鳞纹。这就是古人艺术想象中的鸟龙。更重要的是,鸟龙的两个翅膀,奄人将其化作两个后车轮,完成了全盘的鸟龙或翼龙的系统艺术造型,堪称世界美学、美术学和工艺美术的典范。

　　据研究,商是以鸟为图腾的民族,"天命玄鸟,降而生商",是关于商起源的最珍贵的早期文献资料。可见,由鸟龙三轮铜盘可知,奄人与反对鸟龙图腾崇拜的周朝是敌对关系,即与周公作对而败退常州的奄(兖)国。鸟龙两翼化为两后轮,亦有来历。商人有首领叫少昊,即太阳神,他的形象就是脚踩双火轮的玄鸟。

　　建筑奄城要投入巨大的人力、物力和财力。史载商亡后周分商遗氏六族给鲁(奄),七族给卫。十三族中至少有九族是手工业工匠:索氏(绳工),长勺氏、尾勺氏(酒器工),陶氏(陶工),施氏(旗工),繁氏(马缨工),锜氏(釜工),樊氏(篱笆工),终葵氏(椎工)。这些工匠随奄撤到常州,很可能成为筑城的工程技术人员。奄国的盟军是散居山东、安徽、苏北的徐夷和淮夷,在周军围剿下与奄一起败退常州,三支军队应是筑奄城的主要劳动力。

　　奄国敢与西周政权抗衡,说明其国力的强盛和丰富的人文基础。还因为它保持了完整的夏商文化底蕴而仍具有东方文明的核心地位。

　　周公东征胜利后,将奄国国君流放于薄姑,建立了鲁国,鲁国与奄国疆域、国都等同。据《史记·周本纪》载:武王"封弟周公旦于曲阜,曰鲁"。而曲阜古为奄国旧地,《续汉书·郡国志》云"鲁国,古奄国"。由此可知,鲁国封地即在古奄国,位于东方。结合文献、考古资料分析,当时武王之世,周人的政治、军事势力还未能达到商奄旧地之曲阜一带,也就是说,周人当时并未平定东土。而奄族的文化还是史料所称的鲁文化。

　　鲁文化是我国最具影响力的原发性文化之一,其区域历史可以上溯到7000年前的北辛文化时期。北辛文化是独立的母系氏族发展时期的文化类型。大汶口文化则是在北辛文化的基础上发展起来的。历史发展到大汶口文化中期,汶泗流域便在黄河中下游地区率先进入了父系氏族时期。其证据可分为两大线索:一是考古发掘的大汶口文化遗存提供了母系氏族向父系氏族过渡的佐证;二是文献资料多记载人文初祖太昊、伏羲氏及传说时代英雄祖先(三皇五帝)等在汶泗流域的崛起。

如果将古代文献中零散残缺的相关资料汇总起来,不难发现:大凡文献所说三皇五帝,包括伏羲、神农、黄帝、蚩尤、少昊、颛顼、帝喾、唐尧、虞舜以及羲和、伯益、皋陶等人物,无一不与鲁之汶泗流域有着密切的联系。种种迹象表明,汶泗流域是我国传说时代的中心区域,"故夏商二代文化略同"。

鲁文化是一种以"天"为精神信仰、以"德"为价值原则,以"和"为社会行动准则的完整而协调的文化体系,是中国历史的轴心时代为中华民族遗留下来的宝贵文化财富,至今仍有其巨大的精神魅力。

奄族的文化,在与常州地区当时的越文化融合后,慢慢形成了自己独特的"淹城文化"的雏形,并在随后的时期内飞速发展,保证了江南的稳定,奠定了其发展超越北方的基础。

第五节　吴王东下

常州地区的文明起源,是由远古的河姆渡文化、马家浜文化、良渚文化等传承而下的江南土著居民,和来自鲁文化地域的奄人交融而形成的。而在其基础上,吴泰伯创立的先吴文化的加入,使其真正形成了"淹城文化"的基本脉络。

先来介绍一下吴泰伯。话说夏朝最后一个王叫桀,夏桀无道,商汤灭之,而当时在陕西和山西一带的周族是夏的一支后裔,因此,周族就一直敌视商朝。直到商朝晚期,周族的 31 世族长叫"古公亶父"。

周族西北一带经常有犬戎、鬼方等少数民族的侵扰,当时的商王武丁封古公亶父为"歧周西伯",命古公亶父镇压那些边疆的少数民族,同时又经常欺压歧周。所以古公不服,立志要灭掉商朝。但周族在当时国力无法与商朝相抗衡,古公亶父要做长远打算,因此他要选择一个最佳的接班人来实现他的伟业。

古公亶父的三个儿子个个都贤能有才,但长子泰伯、次子仲雍不同意父亲的政治主张,同时泰伯没有儿子,因此古公亶父已经有立三子季历为王的念头了。据《论语》记载:"太王古公因有翦商之志,而泰伯不从,太王遂欲传位季历。"又据《左传》记载:"太伯、仲雍,太王之昭也。泰伯不从,是以不嗣。"

但当时古公亶父忌讳废长立幼的古训,一直没有把废泰伯而立季历付诸行动。泰伯是个聪明人,知道父亲的心事,如果让古公做出废立之事,周族有可能在内部产生大乱,因此泰伯选择了以为父亲采草药的名义脱身远奔而让天下的义举。

说到泰伯要让天下而远奔了,那么他奔到哪里去了呢?在此之前,泰伯被父亲古公亶父封于陕西吴山(现陕西陇县境内),仲雍被封于山西虞山,因此太伯东奔之后就决定自立疆土,称之为"句吴"。泰伯为了古公亶父和季历不受自己的影响而实现周室大业,选择了离开周商的荆蛮之地。泰伯带领仲雍以及族人从陕西出发,经河南、安徽到达江苏西南一带。这个地方就是泰伯南奔的第一站,即现在的安徽当涂(也是马鞍山)、江苏江宁、溧水的交界处。这里有一座山脉,叫"横山"或曰"横望山",在秦代叫丹阳县,至今此地南京人还称为"小丹阳"镇。

据《越绝书》记载:"传闻越王子孙在丹阳皋乡,更姓梅,梅里是也。"《吴地记》注:"梅里,又名番丽,今横山。"《左传注疏》卷二十九考证认为:"衡山或曰丹阳县之横山,去鸠兹(芜湖)不远。"由此可见,横山、番丽、梅里、皋乡等地名都是指小丹阳县境的同一个地方,小丹阳梅里的原住民为越先民,在商王武丁伐荆时,荆先民逃到小丹阳梅里赶走了越先民,然后越先民逃到越国的本土。

荆先民赶走了越先民住在小丹阳梅里没多久,泰伯又来了,但泰伯没有赶走荆人,而是和他们和睦相处,共同居住,甚至模仿荆人的习俗断发文身。文身断发是古代荆楚、南越一带的习俗,身刺花纹,截短头发,以为可避水中蛟龙的伤害。《礼记·王制》:"东方曰夷,被发文身,有不火食者矣。"

泰伯、仲雍在隆重地完成断发文身的仪式后,终于与当地的荆人实现了文化认同,他们建立的是以荆人鱼为图腾的句吴国,用土著词语为国号,得荆人的心,故数千家义而归之。

至于"吴"的名称,则是来自当地"句吴"图腾音义。"句吴"的"吴"在吴语中和"鱼"字同音。吴地先民以渔猎为生,视鱼为通灵之物,以"鱼"为图腾。"句"音"钩",是当地土语的发声词,无义。唐人颜师古注《汉书·地理志》吴地句吴曰:"句音钩,夷俗语之发声也,亦犹越为于越也。"句容的"句"字即出于此处,而句容这一地名则来源于古句曲山(今茅山),应是泰伯东奔至衡山后的第二个驻扎地。

泰伯是个有远见的人,他在小丹阳梅里住了一段时间,发现那里土地贫瘠,无法长期满足泰伯和仲雍两族的生活给养。因此泰伯与仲雍分工,由仲雍留守梅里,自己往东和北拓展疆域,直到泰伯或其后人走到镇江丹徒一带,他们与邗人遭遇并激战,泰伯或其后人打败了邗人,并把他们赶到了江北(现在扬州一带,邗江由此而得名)。从此泰伯、仲雍或其后人分别在南京、镇江一带占领了一定的疆域,具备了立国的条件。

当泰伯或其后人从小丹阳梅里迁徙到镇江,并正式定居在丹徒,同时建都朱方城时,此刻就宣告泰伯东奔已经完成,一个新的国家——吴国就诞生了,此时大约在公元前1140年。从此泰伯也被尊为吴国始祖,称为吴泰伯。在朱方城历经了465年,此后虽有数迁,然斯都仍沿袭旧名,居地称句吴,都城皆称吴或句吴。

关于泰伯的让天下,孔子对其评价是相当高的,《论语》说:"子曰,太伯其可谓至德也,三以让天下,民无得而称焉。"过了将近1000年的《史记》中,关于吴国的起源,司马迁估计也是资料不足,因此《史记》所记载的吴国起源也就短短几句:"泰伯、仲雍二人因避季历、昌而奔荆蛮,文身断发自号勾吴,立为吴太伯。"但其具体的过程、时间、地点等信息都没有交代。到了东汉,袁康所撰的《越绝书》记录了吴越之间的遗闻逸事,只言片语,不成系统,但首次提到了小丹阳梅里。

但科学终究会给历史以真实的面目,现在的考古发掘给出了一定的合理结论。1930年,江苏仪征破山口出土一批西周青铜器。1959年,南京博物院到破山口作正式发掘,其墓葬形式和出土器物均与中原地区类似。此外,在江苏南京、溧水、丹阳、盱眙,以及安徽屯溪、浙江长兴等地都出土西周墓葬,说明西周时期周文化已南播到江苏宁镇地区。

2007年6月至2008年10月,对位于江苏丹阳市珥陵镇的葛城遗址、神河头遗址神墩以及周边的珥城遗址进行了考古调查、勘探和发掘。初步确认葛城遗址是一处西周始筑,沿用至春秋晚期的吴国古城遗址;神河头遗址神墩为一处与葛城遗址相关联的祭祀遗存。这是在江苏迄今发现的商周时期时代最早的古城址,也是第一次发现吴国的大型独立祭祀场所,其时代性质相互对应,为吴国考古的一次重大新发现。

泰伯死后,没有儿子,传位给仲雍。当传到仲雍之重孙周章任君长时,北方已是周武王姬发在位了。武王战胜殷商后,曾派人到江南寻找泰伯、仲雍的后人,在衡山地区找到了周章。可是,周章无意回归中原。于是,周武王封周章就地为吴侯。后周康王封其弟为宜侯。

1954年,在江苏丹徒烟墩山发现一座西周墓,随葬物主要是青铜礼器,有鼎、簋、鬲、盂、盘、觥等,其中一件青铜器《宜侯簋》,有铭文126字,铭文记载西周穆王封侯矢宜于吴的史实。铭文还提到封给"宜侯"土地、人民和青铜器。"宜侯"即吴侯,从而证实了史书中关于周人封吴的史实。宜国先是在江北的仪征一带;后渡过长江,迁都于镇江丹徒,其目的是对南逃后的奄族进行监视,并伺机彻底消灭之。西周中期,宜国又向西南迁至南京江宁,宜国并入吴国。

由于连年战争,加上人口逐年增多,长江上游植被遭到破坏,大量泥沙带到了丹杨湖中,以至于在东梁山到牛渚一带堆积成岸。那个时候,洪水经常泛滥,又遭遇衡山发生泥石流,冲垮城池。吴王决定重新择地造城。为避开衡山山洪水口,吴王将新城城址选在衡山另一支脉"十里长山"与衡山交界的开阔地。取左虎右龙之地形,以衡山为卧虎,以十里长山——围屏山为长龙(后称龙山)。该城位于丹杨湖北端,因水之北为阳而被叫作丹阳(后来丹杨湖也循此称作丹阳湖)。为固城抗敌,吴王除了将丹阳城扩建以外,还在方圆三百多里傍山沿湖之处挑筑墩台,以便战船停靠和屯兵之用。

　　吴国经过艰苦创业,国力逐渐强盛,开始向周围地区开拓疆土。春秋早期,吴国开始向自然条件优越的太湖流域扩张,为了征服太湖地区的越人,以解除对付强大楚国的后顾之忧,公元前886年,吴王柯卢迁都到丹阳葛城,作为吴国向东南扩张的重要据点。葛城为都城历经了166年,其间在公元前675年,十一世吴王颇高(公元前681年—公元前672年)攻打奄城。

　　据史料记载,颇高灭了奄国。在现在淹城遗址中出土了一些独木舟,据测定,距今有2900年左右,正好和史料记载的吴王颇高时期相一致。估计这些独木舟是在颇高灭奄的战争中被击沉或被奄人遗弃在淹城的。

　　民间传说,奄君曾凭借外城周围的烽火墩,以及奄城的高墙深堑,抵御吴王进攻数年之久;也有人说奄城是吴国囚越(应为奄)质之地,都为这一推测增加了凭证,越人很可能是奄人的盟军。另外,奄城外数以百计的土墩,有些可能是奄国贵族墓葬,有些则可能是吴奄战争牺牲者的坟堆,这与袁康所说"吴人所葬"相符。

　　据《左传》记载,公元前570年,吴国和楚国之间曾发生过一场大战叫"衡山之战"。在衡山之战之后,楚国的军队一直推进到现在镇江的丹阳、句容一带,吴国的安全受到了严重的威胁。在吴王诸樊即位后,楚军又从长江北岸攻击吴国的外围防线,面对楚国的南北夹击,诸樊被迫要考虑迁都了。公元前559年,诸樊选择了往东南迁徙,也就是到达了现在常州的地盘。

　　那么这个新都城在哪里呢? 著名的吴都阖闾城之前,曾经在常武地区有一个临时的都城,根据考古发现,淹城作为这个临时都城的可能性是最大的。淹城所在地曾经是春秋早期中原奄国人因避难而建立的城郭,是一个三城三河的水寨类型的城池。

　　诸樊选择的新都城需要有建都的基础和军事安全这两个条件,而淹城也正好满足其要求。淹城曾经是奄人的居住地,有一定的城郭基础,同时北面有很大的军事缓冲地带,南面有涌湖作为屏障,而且淹城作为过渡性的都城,正好处于故都朱方和后来的阖闾城之间,符合往东南迁徙的线路事实。公元前559年开始迁往常州,将淹城作为临时都城,历经45年。

图 1-22　阖闾城

　　考古学家还从淹城以及春秋吴国所处地理位置分析,吴之劲敌是位于西北方向的楚国,而淹城是楚国进攻吴国的唯一陆路通道,因此,淹城具有重要的军事防御价值。春秋晚期,淹城的东侧还有留城和胥城,东南方向有阖闾城,前三城同处于无锡湖与滆湖之间,不但城与城之间距离相等,且三城基本同处一条东西向的直线上,三城建筑时间基本相同,即可判断为春秋晚期吴国防御楚国进攻而设置的军事防线。因此说春秋晚期吴国大规模地修筑淹城的目的是作军事防御设施之用,具体年代应为公元前 505 年九月吴王阖闾从楚撤军返吴之后,至公元前 496 年阖闾进攻越国之前这段时间内。同时,淹城由奄改为今名。

　　但淹城三城三河,水域烦琐,不具备建筑城郭的条件,淹城只是作为吴国临时都城使用了 45 年,历经诸樊、余祭、余昧、僚四位吴王。终于到吴王阖闾的时候,于公元前 514 年在常州武进的雪堰建造了最著名的吴都阖闾城。

　　寿梦以前的吴国史迹多不可考。从上述诸王的名字看,自柯相以下的"强鸠夷"、"余桥疑吾"等人显然不是中原华族的名氏,这表明,来自中原姬姓的泰伯之族已开始完成"蛮夷化"的过程,换言之,吴国文明乃是在中原姬周文化与当地土著古越文化的冲突、交流、融合之中产生乃至勃兴的。

　　有关吴越文化的详细记载是从春秋始,确切讲是从句吴王寿梦(公元前585年)始,当时的句吴在寿梦的领导下开始强盛起来,他通过"朝周,适楚,观诸侯礼乐"等一系列的外交活动,让中原人认识自己的国家。也就是此时起,吴越两国成了晋楚相斗的国家,也因此而进入了逐鹿中原的角逐。

　　至此,泰伯始创的吴文化与当地的土著古越文化、奄族的鲁文化等互相渗透、融合、转化,形成了常州"淹城文化"的基本形态。

第二章 遗迹千古谜

～～～～～～～～～～～～～～～～～～～～～～～～～～～～～

　　有史以来,"淹城文化"以自己特有的文化底蕴,经过碰撞、浸润、涵容、交流,在历史的锤炼中不断得到新的发展和升华,并形成了具有深厚历史积淀的特色文化风貌,这也成为孕育常州人文精神的摇篮。

　　常州的"淹城文化",是常州社会经济政治的有机组成部分和重要表现形态。它的积淀极为厚实丰硕,它的建树令人注目,其灿烂恢宏的文化成果与灿若星辰的文化精英,曾引来龚自珍"天下名士有部落,东南无与常匹俦"的赞叹,以致常州地域文化独树一帜,名震全国,领导潮流,影响后代。

第一节　淹城何用

　　淹城古遗址位于江苏常州市武进城区湖塘镇西隅。东西长 850 米,南北宽 750 米,占地 0.65 平方公里,距今约有 3000 年历史,是我国目前保存最完整、最古老的地面城遗址。1959 年被列为省级文物保护单位;1981 年被列为太湖风景游览区的重要景点;1982 年 3 月被列为江苏省一级文物保护单位;1988 年 1 月被列为全国重点文物保护单位。2012 年申报世界文化遗产名录。

图 2-1　淹城

　　国内外知名人士、考古学者曾多次来此观光、考古。法国"中国之家旅游团"评价其为"中国文化、古迹的一颗明珠"。日本东京国立博物馆馆长认为"其开发价值不亚于秦皇陵"。已故著名社会学家费孝通教授认为,这是东方一大奇观,具有高品位的文化、旅游资源。2007 年,中国红色旅游网、中共中央宣传部的《党建》杂志社和红旗出版社等权威媒体联合评定淹城为"中国第一水城"。

　　古淹城遗址恰如镶嵌在春秋文化风景线上的一颗明珠,闪烁着奇特的历史光辉,蕴藏着迷幻的诱人魅力。

　　据史书记载,淹城古城墙最高达 20 米,墙基宽 25 米—30 米,全由泥土堆筑而成。目前,淹城的三道城墙均呈梯形,上宽 8 米—13 米,墙基宽 32 米—43 米,高 3 米—6 米。三城均有护城河,河宽 30 米—50 米不等,水深平均 4 米左右,河水清澈,常年不涸。这种建筑形制,在中国乃至世界的建筑史上是独一无二的,具有重要的历史考古价值、学术研究价值和游览观赏价值。

　　淹城内外原来土墩连片,外城内有 3 个较大的土墩。城外 2 公里范围内散立着大小不等的 200 多座土墩。有民谣曰:"内高墩,外高墩,四周林立百余墩,城中兀立王女墩。"这里城垣逶迤,曲水环围,古朴幽静,风景秀丽,曾出土 2000 多件珍贵文物。其中有西周时期的独木舟 4 条,被誉为"开天辟地第一舟";春秋时期的青铜器 20 多件,以及大量的原始青瓷器和几何印文陶器。部分出土文物具有鲜明的吴文化特色。

在淹城子城内发现的茅庵石碑上,刻有铭文:"淹溪古迹,曲水环围,苍松郁秀,颇类空山无尘绝俗之境。"村落三处,阡陌相连,清静幽雅,自然成趣。境内古迹遍布,并伴有"奄城公主"、"玉龟造河"、"奄王金索"等娓娓动听的民间传说。空灵、清新、雅致,活脱脱一个世外桃源。

图 2-2 子城发掘现场

清末《淹城记》云:"泌水之乐,东山之卧,衡门之栖,钓台之依,悉若斯城之天然成趣味,是以游目骋怀,极我视听之娱耶。"淹城水滋养着城,城依着水,城水相依相恋,俨然一座东方威尼斯水城,美哉! 壮哉!

那么,为什么要筑城,淹城为何用呢?

《淮南子·原道训》说:"夏鲧作三仞之城,一曰黄帝始立城邑以居。"城是一种永久性的防御工程,春秋无义战,战争频繁,凡立国者必筑城抗敌。

从太湖和涡湖的变化史中得知,当年此处是一片沼泽之地,人烟稀少,芦草成片。在考古发掘中,发现在子城向下挖至约 3.5 米深处,南北两侧存有许多呈原始状态的大树根桩，中间有一约 4 米宽的无树根桩区，形成一条数百米的河形。内城门、外城门原为水门，三道城河由河道相通，靠船只出入。因而，民谣曰："内河坝，外河坝，通道唯有城西坝，独木舟渡古无坝。"在子城南侧地面下方 3 米多深处挖掘到一口竹木古井，此井呈"井"字方形，四角分别为一根直径 10 厘米粗的圆木，壁间为细竹编排。井内有陶罐，可能是吊水罐和军用水壶，说明此地可能驻扎军队。

淹城四周 1 公里的范围内，原有大小土墩数百座，后剩 70 余座，如今经拆迁，已荡然无存了。土墩高 1.5 米—7 米，直径大多在 25 米—30 米之间，亦有小到 1.5 米、大到 45 米左右的。在淹城外城的西部，南北向排列着 3 个高大的土墩，俗称"头墩"、"肚墩"、"脚墩"，高近 10 米，分别占地约 5 亩、7 亩和 2 亩。

对城内外的这些土墩，以往说法不一，或认为是古吴都城，或认为是军事设施，或认为是墓葬，亦有人认为可能与高台建筑有关。为了摸清这些土墩的性质，江苏省淹城遗址考古发掘队对城内外的土墩进行了考古发掘。

经考古发掘，今日淹城城内、城外百余冢，也是西周至春秋之冢。城内为一墩一墓，可能为贵族墓葬；城外为一墩多墓，可能是平民的家族墓葬。

春秋时期，无义之战频繁，242 年中有 483 次战争。个中之谜，足以令人神思飞驰。

吴本楚之属国，吴君寿梦时，吴渐强大。鲁成公七年（公元前 584 年），晋使申公巫臣带着一队（军队）战车到吴国，教吴人"射御法"和战车阵法。吴军学会车战，从淮南江北的陆地上攻击楚国的侧面。

吴楚连年打仗，有时一年多达 7 次，楚军疲于奔命。吴晋交通后，文化迅速提高，寿梦第四子季札在公元前 544 年历聘鲁、齐、郑、卫、晋等国，而吸收黄河中下游古文化。

寿梦死后，长子诸樊迁都于此，数传于阖闾，用楚亡臣伍子胥为谋士，孙武为将军。

吴国既兴且强，公元前 506 年大举攻楚，五战五胜，楚军大溃。吴军军旗直插楚国国都郢（今湖北江陵县北纪南城）。楚国文物财富和人才大量为吴军所俘。这是东周时期第一个大战争，作为长江流域古文化的代表楚文化也由此融入吴文化。

可见，吴国后来将奄城作为临时国都和抵御北方敌军的军事城堡，是实在可行的。而在战争中丧生的军民就近葬在周边。

考古学家还从淹城以及春秋吴国所处地理位置分析，吴之劲敌是位于西北方向的楚国，而淹城是楚国进攻吴国的唯一陆路通道。因此，淹城具有重要的军事防御价值。春秋晚期，淹城的东侧还有留城和胥城，东南方向有阖闾城，前三城同处于无锡湖与涌湖之间，不但城与城之间距离相等，且三城基本同处一条东西向的直线上，三城建筑时间基本相同，即可判断三城为春秋晚期吴国防御楚国进攻而设置的军事防线。而且淹城护城河里出土了好多铜剑、铜簇等兵器，因此说春秋晚期吴国大规模地修筑淹城的目的，是作军事防御设施之用，具体年代应为公元前559年至公元前514年，阖闾首次进攻楚国之后这段时间内。

第二节　古城多奇

用生态条件来衡量城邑选址有以下几个原则：良好的光照条件；迎纳夏季凉风；屏挡冬季寒流；良好的排水排污条件；用水、交通方便；水土保持良好，便于调节小气候。这些条件对于淹城三城三河来说，无不切合。淹城有一般都城之三倍的御敌之功能。由此可见筑城者之良苦用心，若无亡国之痛、复国之心，何能为之？

淹城，凡城三重一廓，凡水三道围合。倘若细细观察，不难发现，中间子城不在正中，而距圆心北侧有百米之遥。子城向北，三城三河重叠，形成"峰岗、深谷"之地形；而子城向南、向东、向西，则形成大片的有水有岗有良田数百亩的大片开阔区。如此安排是否偶然？

经有关专家研究，其构造实属有意，且大有奥妙之处。可以八字概括为"阴阳交合、藏风聚气"。《素问·应象大论》中讲："阴阳者，天地之道也，万物之纲纪,变化之父母,生杀之本始,神明之府也。"《朱子语类·卷九十八》中讲,阴阳互合,"阴中有阳,阳中有阴,阳极生阴,阴极生阳,所以神化无穷"。

　　具体说来,中国古代的阴阳学说,也就是我们常说的风水学说,是古代人的一种宇宙观和方法论。风水学说是中国古代与建筑环境规划有关的一门学问,主要内容是为选择建造地点而对地形、地貌、景观、气候、生态等各环境要素进行综合评价的原则,提出建筑规划和设计的一些指导性意见。掌握这门学问并以此为职业的人称为风水家。"风水"一词来源于郭璞《葬经》中所云"气乘风则散,界水则止"。

图 2-3　点将台

　　"气"对于风水学至关重要,风水的全部理论和方法都是围绕着"聚气"这个问题展开的。甚至有人说,若能认识"气",也就理解了风水的全部。堪舆术的书每每要论"气"。基于这种对"气"的认识,古人选择居处和葬处,必择"生气"旺盛之地。"藏风得水","藏风聚气",生气才能旺盛。故风水二字为地学之最重。

　　按现代的科学解释,则可以把凡是古人称之为"阳"的,理解成凡是活动的、外在的、上升的、温热亢进的,全部归属于阳;凡是沉静的、内在的、下降的、寒冷的、晦暗的、衰减的,统属于阴的范畴。

据此,再看淹城三城一廓三河的形制,其阴阳交合则安排得天衣无缝。正因此"阴阳交合",所以"藏风聚气"达到了最佳效果,才能"阴阳序次,风雨时至,嘉生繁祉,人民和利,物备而乐成"(《国语·周语》)。实在妙不可言。为什么淹城城内居民多长寿,即缘于此。

为了进一步说明"藏风聚气"之内涵,我们来解释一下"风"。众所周知,风是构成气候环境的重要因素,是气流流动形成的。传统中医学说中,风被列为"风、寒、暑、燥、火、湿"六淫(六气)之首。"六气"太过,不及或不应时,则可致病患、中邪气。风能成害,也能造福。对于风,太热、太冷、太强或灰尘太多的风往往可成害,而干燥炎热时候的湿润凉风人人欢迎。

淹城地处北半球亚热带北缘处,冬季西北风犹如刀刮,人人喜欢向阳无风处。而淹城北面三道城河挨近重叠,正好屏挡寒冷的北风。夏季炎热干燥,淹城的东、南、西三面地形开阔平缓,夏季主导的东南凉风正好习习而来。

淹城三城三河形制的方位,若是颠倒一下,则如此风水宝地就成了恶煞之地。距今3000年,古人能有如此之科学规划,实在是了不起的创举。怪不得,我国建筑专业教科书上也将古淹城作为古建筑之典范,从事城市规划建筑的朋友们,闻此是否有所启迪呢!

现在,我们再来讲讲淹城的水。

"堪舆术"对平原地区水的考察有专门理论。"行到平原莫问纵(山脉);只看水绕是真龙","水飞走则生气散,水融注则内气聚","水深处民多富,浅处民多贫,聚处民多稠,散处民多离"。

和风一样,水能为利,也能成害。1934年江南水乡大旱,百条河道干涸,田地龟裂,唯淹城无旱象,汇聚之水清净悠扬。为什么? 这是一个谜。原来谜底即是淹城城河之水乃属"汇聚之水",是先人人工所成。是人工"水龙"之风水宝水。

水太多则有水淹之害,水太少则有旱涸之苦。淹城三河的面积约340亩,占总面积70%;三河之容量可达190万立方米,其河深超过外围沟渠,其城内陆地(平地)高于外围平地数十厘米。

另外,淹城由多条水沟与外界相通。据淹城 92 岁的窦义生老人介绍,淹城曾是"八浜通四方"。四周原来相通的八条河沟,以逆时针方向转,分别是:(1)正西面的石坝浜,通漕溪河;偏西南分支霍家浜,通芦家巷乡的习庄浜。(2)南向的南漕浜,通习庄浜。(3)东南的薛家浜,分两支分别通习庄浜、社桥河。(4)东向的曹墩浜,通长沟河。(5)东北的何家浜,通何留村的新桥浜;偏北的大坝浜,通大坝村的新桥浜。(6)正北的丫斜浜,通周家巷村的新桥浜。(7)西门的无潭河,通漕沟浜。(8)偏西的菱沟河,通漕沟浜。

如此,虽降水量特丰年份,其水自向外河溢去;虽大旱年份,其水足以自用。三河循环转通,水系丰满,互相补充、呼应、循环、回荡,生气勃勃,因而良田无旱涝之害。由于城郭城河科学布局,又足以调节城内小气候,所以自然年年五谷丰登,人人康乐。纵观江南,如此风水宝地又有多少? 唯淹城独占鳌头。

遥想春秋战国年代,西有四川成都都江堰水利工程,北有郑国渠工程,而东则有淹城水利工程,可算是一颗极有特色的水利明珠。

风也罢,水也罢,区区淹城若为古城,则三城一廓三水形制变化无穷,学问无穷,它蕴涵着深刻的立国治城之科学道理。

同时,淹城还是中国第一龟城。

在古人眼里,龟,天下神物也,龟、龙、麟、凤谓之四灵。《洛书》曰:灵龟者,上隆法天,下平地象。从人类始祖伏羲开始,经商、周至春秋战国时期,对龟十分崇拜,达到了万事问"龟卜"的程度,那筑城更不例外。

周易文化始于远古,用于历代,传世至今,具有很高的历史价值和文化科研价值。周易文化对地理学研究和自然环境的利用有深奥的科学性、实用性,尤其在地理环境方面,周易学十分注重对陆、水、山的运用。

古今事实,任何名城的兴盛,都市的繁荣,庄园的丁财两旺都是由好地、好山、好水而润育的,否则城不盛,市不荣,丁不旺,财不兴。《阳宅爱众》云:"石临白虎北环山,左有青龙水湾缓,地灵人杰出公相,不入文班入武班。"讲的就是择地选山用水的重要作用。土系生命源,水系养命源,山系水土连接源,人与财皆系陆、水、山的结晶。

在古代筑城时更离不开"龟",所以从国内的平遥、成都、淹城等古城的情况来看,都有三个明显的共同特点:一是筑城时间都在西周春秋战国时期;二是都流传着一个龟的故事;三是城市形状等如龟形。

山西平遥龟城,西周宣王时所筑,距今 2700 多年。平遥古城平面略呈方形。其布局体现了"龟前戏水、山水朝阳"的建筑意趣。成都俗称龟城,秦惠文王二十七年(公元前 311 年)派张仪所筑,距今 2300 多年。屡筑屡倒,后依龟爬过的路线和龟的形状遂筑成,所以有龟城之称。

淹城是法天象地的产物,在淹城流传着白玉龟的神话故事,有"龙女嬉水、玉龟造河"之说。三城三河犹如一个龟形图案。三道护城河可以看作龟甲上的三道线,外城河即相当于龟甲上的缘盾外线,内城河即相当于肋盾线,子城河就可以看作脊盾线。有了三河就形成了三城,外城相当于龟甲上的缘盾,内城相当于肋盾,脊盾就是子城了。所以说,淹城是古人依据龟的形状设计出来的城池。

第三节　古舟诉说

1958 年,武进湖塘镇淹城村的村民在淹城内城东南方的内河里清淤积肥,挖到了一条独木舟,并在不远处挖出了 13 件青铜器,其中包括独特的三轮青铜盘。独木舟舟形如梭,两端小而失,尖角上翘,属于尖头尖尾独木舟一类。舟舱中间宽,全长 11 米、舱上口宽 0.9 米、深 0.45 米,系用整段楠木挖空制成。外壁光滑木纹依旧,内壁布满焦炭和斧凿斑斑痕迹。经碳 14 测定,这舟距今已有 2900 年历史,当属西周时期遗物。这在当时,是我国发现的最古老、最完整的独木舟,号称"天下第一舟"。

1965 年村民又在内城河西北挖出两条独木舟,其中一条长 4.22 米、舱上口宽 0.32 米、深 0.45 米,尾舱宽 0.69 米。另一条长 7.45 米。两条独木舟均为尖头敞尾,尖头微上翘,舟尾敞开宽而平,属于尖头方尾独木舟一类。也是用楠木制成。1974 年,再次在东侧内城河出土了第四条独木舟,长 5 米余,属于尖头尖尾独木舟一类。

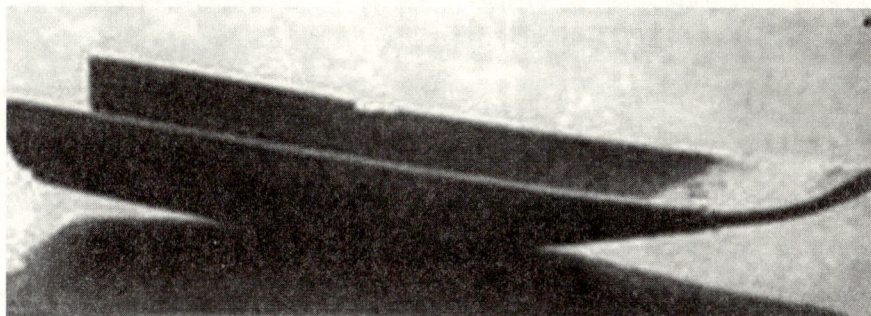

图 2-4　淹舟

　　再来看看周边地区的情况。1973 年,在浙江省余姚河姆渡遗址中出土 8 支木桨,均用整块木板制成,说明先民们已会剖制木板,具备向制造木板船发展的条件。在木桨附近还搜集到一具夹炭黑陶质的独木舟模型,经测定约为 7000 年前的遗物。

　　2002 年 11 月,在萧山跨湖桥遗址中,考古人员发现一条长 5.6 米的独木舟及相关遗迹,独木舟标本经碳 14 测定,距今约 8000 年。

　　2009 年 7 月至 2010 年 2 月,浙江省文物考古研究所和余杭博物馆联合对余杭临平茅山遗址进行第一期考古发掘,发现一艘独木舟。这是良渚文化首次发现独木舟,距今约 5000 年。

　　那么,淹城的这些独木舟到底都是何时问世,又是从哪里来的呢?

　　先民们究竟在什么时候创制了舟船已很难考证,但可以说至少在新石器时代(约 10000 年—4000 年前),我们的祖先就广泛使用了独木舟和筏,并以其非凡的勇气和智慧走向海洋,为我国的航海业奠定了基础。

　　据《中国航海史》和《中国船谱》记述,筏和独木舟是船舶始祖。甲骨文用“凡”代表“帆”,说明殷人行船已经使用帆。

　　在遥远的古代,人类的祖先还处于以采集和渔猎为生的时期,自然现象使他们受到了各种有益的启发。“古观落叶以为舟”,就反映了我们祖先早期对一些物体能浮在水面上的认识,引起人们航行的念头。人骑坐在一根圆木上,就可以顺水漂浮;如果他还握着一块木片,就可以向前划行;如果把那根圆木掏空,人就可以舒适地坐在里面,并能随身携带自己的物品。这就是人们创造的最早的船——独木舟。之后人们又逐步学会了就地取材,制造了简单、平稳、装载面积较大的筏。

就这样,人们就用石斧、石锛、锯等工具,将圆圆的树干削平。后来,发现用火比石斧加工木材更为方便。人们将树干上不需要挖掉的地方都涂上厚厚的湿泥巴,然后用火烧掉要挖去的部分。这样被烧的部分就被烧成一层炭,再用石斧砍,就比较容易了。独木舟就是这样制造成功的。

这是古代先民经过数十次用火烤焦后不断用斧凿制加工成的,与《周易》所说"刳木为舟,剡木为楫,致远以利天下"互相印证,可以断定独木舟出现的下限时间约在七八千年以前。

我们的祖先在实践过程中对独木舟和筏不断加以改进,开始在独木舟的四周加上木板以增大容量,原来的独木舟就变成船底了。在长期的演变过程中,圆底独木舟逐步变成了船底的中间部分,通连首尾的主要纵向的木材就变成"龙骨"了。这样就变成尖底或圆底的木板船,而原来平底的独木舟也就逐渐演变成平底木板船底中心线上的一块板了。

据考证,木板船的发明至少不能晚于夏朝。《艺文类聚》载:西周成王时,"于越献舟"。越人,在古汉语里就是一个涉水的代名词,"水行而山处,以船为车,以楫为马,往如飘风,去则难从"。可以想见,以舟为贡品,献与成王,那时越人的船就已造得比较好了。还有,献舟一路取道东海,渡黄海,泛渤海,入黄河,逆流而上进入渭水,终达周都镐京,船的实用性能及航海技术都已不差。

春秋战国时,大国争霸,造船业及航海业迅速发展。我国南方已有专设的造船工场——船宫。诸侯国之间经常使用船只往来,并有了战船的记载。吴国水军的战船是当时最有名的,包括"艅艎"、"三翼"、"突冒"、"楼船"、"桥舡"等多种舰艇。艅艎是王侯乘坐的大型战船,战时作为指挥旗舰。据古书记载,艅艎船首绘有鹢鸟的图案,有优良的航行性能。水军的主要战舰是三翼,即大翼、中翼和小翼。其中大翼长 10 丈,阔 1.5 丈,可以载士卒 90 多人,有较高的航行速度。吴国就是凭借这些战船先后在汉水和太湖大败楚、越两国的。后来勾践卧薪尝胆,越国灭吴时的战船已经发展到 300 艘之多。《越绝书》称:越迁都由会稽至琅琊,以水兵 2800 人"伐松柏以为桴",沿海北上,气势已然磅礴。

据上所述,淹城出土的独木舟均不可能是西周之后的产物,淹城子民也没有必要在造船业迅速发展时,再来制造落后时代的交通工具。

另外,淹城独木舟的材料即楠木、柏木、楮木等分布于湖北、贵州、四川、福建、广东、台湾等地,不是淹城当地的原产物。也就是说,这些独木舟不可能是古奄城先民就地取材制作的。

那么,这些独木舟来自何方呢? 据考证分析,有这么几个来路:其一,可能是当年泰伯奔吴过程中的遗物;其二,可能是当年周武王觅亲或山东奄族南迁时顺带过来;其三,可能在发生海水倒灌时,海水将沿海的卷带过来。当然,也可能是前面说过的当年颇高灭奄战争中的沉没物。

总之,这些独木舟问世年代都为 3000 年以前或近 3000 年。那么,保存独木舟多年的淹河就不可能在独木舟之后存世,而且从同时出土的青铜器来看,还是古奄城败落或奄民撤离时的遗物。由此,古奄城存世年代也起码在3000 年之前。

第四节　古井沧桑

古奄城始于何时,曾成为人们热衷探析的千古之谜。那么,我们还可从淹城境内出土的竹木古井说起。

1991 年 3 月,南京博物院考古队在淹城子城南侧地面下方 3 米多深处挖掘到一口竹木古井。这口竹木古井与现代的砖石井不同,由竹木构成,是砖瓦发明以前的产物。此井呈方形,四角分别是一根直径 10 厘米粗的圆木,四周以细竹编排为壁,井口平面构成了"井"字状,与已确定的甲骨文中的"井"字完全吻合。当时,有关专家推断,中国汉字上的"井"字或许由此而来。

图2-5 竹木古井

那么,这样的竹木古井源于何时呢?还是让我们先熟悉一下我国水井的发展史吧。

中华先民有着数不清的文明创造,其中凿井技术的发明在中华文明史中占有重要位置。就水井的发明者而言,就有黄帝、炎帝、伯益等充满了神话色彩的传说。相传唐尧之时,华夏先民已普遍"凿井而饮"。东汉王充《论衡·感虚篇》引述尧帝时的"击壤歌"云:"吾日出而作,日入而息,凿井而饮,耕田而食,帝何力于我哉?"可见,王充认为在尧时已有水井存在了。《吕氏春秋·勿躬》说:"伯益作井。"这一方面表明井的发明,应早于舜禹及伯益时代;另一方面则说明,井的发明、完善以及广泛普及,是一个较漫长的历史过程。

考古发掘表明,在原始社会末期,中华先民已能打出六七米深、直径为两米左右的生活水井。就水井的种类而言,大抵有土井、瓦井、砖井、石井、砖(石)木混合井等。土井是指井壁无任何衬砌,以土为井壁,这种井最为简陋,开凿的成本较低。瓦筒井的特点是,挖出井形后,井壁用陶制井圈一节一节地套叠,砌成筒状,井圈外壁用土或碎陶片填实。砖井的特点是,井口平砌砖块若干层,接下去砌成圈状。砖木混合井,一般以砖(石)砌圆形井口,井口之下为方形木结构井身。

都说中国的文字是象形文字,很多字都是像它的原形,即便经历之后几千年的演变,也能从中找到它们相像之处。可是那"井"字却不是这样。在汉语言文字中,"井"是一个产生较早的古文字,最早见于新石器时代的装饰符号。甲骨文井像两纵两横构成的方形框架。井造字本义:人工开凿的提取地下水、有方形护栏的水坑。甲骨文中的"井"字似乎不像井,因为我们现在见到的井都是圆形的。中国的象形字,为什么到了"井"这儿,就不"象形"了呢?

那么,古代的井是否是方形的呢?

从考古文物看,长江下游地带可能是我国最早开凿水井的地方。1973年,考古工作者在浙江余姚河姆渡文化遗址的第二层发现一口木构方形浅井,其边长约 2 米,深 1.35 米,底面积却大到 4 平方米,若包括桩木结构竟有28 平方米,其实是坑形大水塘,系利用天然或人工挖掘的水坑加工而成;先在水坑中部打入四排木桩组成一个方形的桩木墙,然后将桩内的泥土挖去,并在方排桩内筑一方形木框(以防排桩向内倾倒),由此便形成一个方形竖井。恰似一个"井"形状。时间为距今 5710 年前。

之后,又有研究人员在其他遗址相关发现的灰坑中筛选出一些古井来。如早于上海的浙江桐乡罗家角遗址的 H13,距今 7100 多年前,被称为目前发现的太湖地区最早的水井。口部略呈圆形,直径达 2.12 米,且底部极不规则,西半部深 1.22 米,东半部深 2 米,充其量也只是个积水坑。此后,上海崧泽遗址马家浜文化土壁水井、崧泽文化苇壁水井和良渚文化木壁水井等,在中国井文化起源阶段都具有十分特殊、十分重要的地位。

那么,早期河姆渡人的方形井为何会演变为后期的圆形井呢? 这与先人认识自然、适应自然,生产力水平逐步提高有关。

早期先民囿于对几何知识的匮乏,想当然地开凿方形水井,但随后发现方形水井的四壁泥土容易坍塌,于是便用垂直入土的木桩作井壁,井口也用木框围护起来。后来,先民又觉得深井壁用木桩耗材而且难以操作,便将井壁改成用芦苇围起来,防止壁土剥落或坍塌。然而,芦苇使用时间不长,而且经不住井壁渗水和塌土冲击。于是,先民又用狭窄的木板作井壁,效果比苇壁好多了。但是,这些苇壁、木壁却不能保证水井长期使用。那入土的木桩、木壁和竹壁在水分的侵蚀下会腐烂,暴露在外的则遇风吹雨打日晒而开裂,并有虫蛀之虞。或许是后来的人们在生产实践中发现,圆形的井壁因受自身应力的作用,不易坍塌,而无须用木桩围护,便弃方形而用圆形。于是,后期即至少距今3000多年的水井统统以圆形的面目出现了。

到了春秋战国时期,出现了陶井。西汉时期,制砖已比较普遍了,于是,砖井也应时出现。目前,砖井在我国农村还在普遍使用,很容易见到。

了解了这些"井"的历史,我们便不难看出,淹城出土的竹木古井呈方形且以细竹编排为壁,比照目前已发现的其他古井来说,只能是与崧泽文化苇壁水井、良渚文化木壁水井同时代的产物,至少也是在未发现同类水井的3000年之前。

我们可以想象,居住在古奄城的先民多么聪明,他们发现江南到处有竹林,这些圆柱形的竹子既有强度又有弹性,密排成竹壁后,竹竿之间又有利于井壁渗水,而且操作更方便一些,因此便有了我们今天尚能看到的竹木古井。

既然境内的水井有3000年以上的历史,那么,作为其载体的古奄城的历史只能更早了。

第五节　土"金字塔"

金字塔举世闻名,它远在非洲的埃及和美洲的墨西哥,全国重点文物保护单位淹城也有金字塔,岂不危言耸听?

众所周知,作为古代埃及法老王的陵墓,巨大的石砌金字塔建造于公元前2700年—公元前2500年。据统计,从公元前10世纪到公元15世纪,古代美洲的各个民族相继兴建了10万多座金字塔,这个数字颇为惊人。保存至今的有一百多座,其中最为著名的是胡夫金字塔。

而在中国,同样存在类似的金字塔形陵墓或祭台,中国古代传说中的夏瑶台、商鹿台等高台,本身就是宗教祭祀用的金字塔形建筑。坐落在曲阜城东 4 公里的旧县村东北的高阜上的少昊陵是我国著名的古帝陵之一,有"中国金字塔"之称。位于吉林省集安市的高句丽陵的"将军坟",每边长约 32 米,高约 13 米,也有"金字塔"之誉。良渚也有一百多座被称为"土筑金字塔"的高台土墩。因为属于土建筑,难以保存,所以如今只留下了一小部分遗迹。上海福泉山古文化遗址,高仅 7.5 米,完整地保留了距今 7000 年至 6000 年历史的各时期文化叠压遗存,被考古学家誉为"中国的土建金字塔"。另外,如瑶山祭坛、余杭莫角山遗址等,丝毫不逊于埃及金字塔。

另外,墨西哥当地"土产"的金字塔与埃及金字塔大为不同,却与吉林集安市的"将军坟"的形状、大小及筑为单数等,如出一人之手,似与中国文化一脉相承。历史学家、考古学家还发现了美洲文化和中国文化的许多相似之处。可以说,美洲其他印第安人中也曾有"龙的传人",这就是当年被周灭国后出逃的殷人。因而,其金字塔的风格也应是商汤时期存有的。

金字塔这种独具特色的建筑物一般被用来作陵墓或祭祀场所。那么,淹城的"金字塔"源于何因呢? 据考证,很可能是当年周武王所为。

史载,周文王姬昌当年从羑里逃回西岐后,为纪念在朝歌蒙冤的伯邑考、商容、梅伯等忠烈之臣,特意于西周丰京附近的沣河西畔的长安区灵沼乡阿底村南一公里处建造了一座灵台,来祭祀这些忠魂,也为西岐祈福,并对抗建于朝歌用于享乐的露台。在中国最古老的诗歌总集《诗经·大雅》中,有一首题为《灵台》的篇章,开始几句为"经始灵台,经之营之,庶民攻之,不日成之"。表明周文王建造灵台是得到全体百姓拥护的伟业,百姓支持建台,于是齐心协力在很短时间内就完成了。

《说文解字》释"灵"字为"巫以玉事神",言其与祭祀活动的紧密联系。500 年后的孟子则以不无赞叹的口吻追忆道:"文王以民力为台为沼,而民欢乐之,谓其台曰灵台。"(《孟子·梁惠王上》)文王以仁德治国,建造灵台"观祲象,察氛祥"即观测天文现象,预示祸福吉凶。因此,灵台可视为中国最早的英雄纪念碑和天文观象台。西周一代,灵台都是天子祭祀、朝聘诸侯之所。

公元前1046年,周武王姬发定都镐京,建周王朝。天下安定,武王遂遵奉文王之遗训,亲往江南,寻找泰伯、仲雍之后,以报让位之恩。武王带领人等顺汉水入长江,过当涂经溧水,至涡湖、沙子湖间,忽遇狂风暴雨,不得前行,即登岸而筑土台敬天祭祖,即平安离去。后发现涡湖东北方数里的今淹城子城之形体,有寓天方地圆之意,便令兵士在此仿建灵台,又堆高墩为日后祭天之用。武王回镐京后,思父心切,不久病逝。约公元前905年,奄人迁徙到此,在原有基地上培土加堆,作祭祀、天文观象之用,也代上天为民留下一方恩泽。

现今的淹城外城的西侧有三座大土墩,当地人称为头墩、肚墩和脚墩,传说是奄君女儿的墓。据淹城村民于20世纪50年代初的测量显示,头墩高约17.2米,底座周长约220米;肚墩高约5.6米,底座周长约126米;脚墩高约14.5米,底座周长约197米。头墩、肚墩和脚墩从南至北依次排列在一条直线上,头墩偏西南约20°。

图2-6 淹城春秋乐园一景

在1911年对内城河西侧的"头墩"的考古发掘中,揭示出一东西长20米、南北宽6米的大型积炭墓,墓中棺椁葬具均已朽尽,唯朱红漆皮依稀可辨。随葬器物集中在墓室的西端,共出土原始青瓷器和几何印纹陶器等近300件。其中,从墓里出土了50多个陶纺轮。出土文物表明墓主的身份很高,且为女性。

在淹城发掘的墓葬中,还发现一座属于西周时期的墓室。也就是说,西周晚期奄族迁居这里时已经有了城,而子城墙是城中最内和最小的一座城墙。据了解,1986年,考古队在挖掘中发现子城河(当时为农田)向下约3.5米深处,发现南北两侧有许多呈原始状态的大树根桩,中间还有约4米宽的无树根桩区,这些地表迹象说明最初筑淹城时的该处地表,应在今子城河向下约3.5米深处,而这些现象在内外城河中也是存在的,这一发现也验证了相关考古资料及史料记载。此与周武王筑台及奄人加堆的时间也十分吻合。

淹城的三座"金字塔"原系土堆高墩,历尽3000年风雨,虽难现当日雄姿,然仍传承敬天昭德、立志创业的精神。

第三章 薪火多传承

众所皆知，一般情况下，文化自身的进步是缓慢的，人类文化史上的几次突变性的进步，往往是在不同类型的文化进行大规模交流融合时出现的。文化的发展与传承绝非诸种文化因子之间单纯的"传"或"递"，也不是各种传承方式和路径的简单叠加。

文化传承的本质，在于各种文化基因的累积和裂变，在于诸种传承方式的相互协调、相互配合与相互作用，从而使文化具有流动性、延续性和再生性。

现在，我们就来讲讲淹城文化形成的时间、地域、特点及其他。

第一节　形成时间

西周时期，吴越文化的疆域泾渭分明。到了春秋时期，宁镇地区的吴文化面貌产生了明显的越化，而太湖地区吴文化因素也多了起来。这些变化体现在墓葬中。宁镇地区的土墩墓中，西周时期的墓葬中出土有大量青铜器，这些青铜器多与中原地区的青铜器类似，而到了春秋时期，特别是春秋晚期，青铜器就极少见了。到了春秋时期的墓葬中,虽然瓷器增多了,但几乎不见豆了。西周时期的炊器为鬲、甑,到了春秋则以釜、鼎为主,极少见鬲。从这些变化看,中原的因素明显减少,而越文化的因素则逐渐增多,并最终占主导地位。这说明越文化对吴文化进行了大量渗透和同化。如此强烈的变革只能是越族人的入侵所为,这与史书上所言吴越之乱相符。

吴越的发展史是一部充满狼烟的战争史。从不被重视的"蛮夷"之族到被中原民族承认,后来又先后称霸中原,以致让中原人受到威胁而被排斥分化,其中还掺杂着多年的吴与越两个同宗又同族的内斗。在这样的环境影响下,吴越人形成了好战、好猜忌又争强好胜的性格。

吴越两地比邻相处,其先民皆为百越族,有许多相同的文化特征。但是,吴越两地,由于地域的不同及生产力发展不平衡,也产生了吴文化与越文化的不同魅力。

一是地域文化对吴越文化的影响。在历史发展中,吴文化主要是接受了周文化的影响。泰伯、仲雍来到吴地,带来了中原地区的先进生产技术和先进文化,使吴人耳目一新。东汉桓帝时的吴郡太守麋豹在《泰伯墓碑记》中肯定了中原文化对吴文化的影响:"数年之间,人民殷富,教化大治,东南礼乐实始基焉。"

而当时的越文化,同吴文化相比,就相对保守。《吕氏春秋·遇合篇》载:"客有以吹籁见越王者,羽、角、宫、徵、商不谬,越王不善;为野音,而反善之。"《越绝书》卷八记载:勾践迁都琅琊后孔子曾往谒见,为述五帝三王之道,勾践以俗异为由辞谢之。这说明越国更注重本土文化,注重鲜明的越地土著特色,这也导致越文化与吴文化在历史演变中的差异和区别。

二是生存环境对吴越文化的影响。吴地处在太湖流域的平原上,农业生产比较发达,水陆交通便捷,商品流通便利,社会生活相对稳定,是典型的江南鱼米之乡。而越地临海滨江,山多平地少,俗称"七山二水一分田",虽有林、牧、渔、副多种经营,但与吴地相比,生活空间就相对狭隘和闭塞。由于地理环境的差异,吴文化的内涵就多一些典雅、精巧和柔美,越文化就多一些通俗、朴野和阳刚。吴人虽精明,却安于守成;越人虽朴野,却敢于冒险。这些,无疑对吴越经济的不同模式都会产生深远的影响。

三是相互争霸对吴越文化的影响。吴越两国以及周围列国为争霸一方，相互为敌，战事不断，先是吴国战胜越国，再是越国灭掉吴国，后又楚国灭掉越国，秦国又灭楚国。在这漫长的战乱和争斗中，吴越文化与长江中游的荆楚文化、长江上游的巴蜀文化、黄河流域的华夏文化既交相辉映、相互渗透、多元交融，又相互转化、变换，释放各自的文化能量。作为意识形态的文化力，又影响和作用于政治、经济、社会的变革与发展。从寿梦王的通达和与人为善去"朝周、适楚"，到越王勾践以死士挑战"锐兵任死"，从楚与晋分别利用吴越相争到越灭吴而楚灭越，从此吴越进入了被外族统治的境地。

接下来的战争风云和历史变迁就更使吴越人涉历了艰辛。几次的动荡和迁徙，吴越人均似当年被楚人统治时那样，与兄弟民族意亲好合，并在同化民族的同时也吸收兄弟民族的文化。

这一点留在吴越本土的族人做得最为明显。尽管经历了多次迁徙，本土的木族越来越少，大批的中原华夏族人渗入了他们的生活，但他们在坚守本民族传统的同时也吸收了兄弟民族的文化，首当其冲的是中原人的戴帽、穿鞋和待人接物的礼节，吴越人接受了。还有语言、文字，吴越人的鸟语和鸟篆太繁琐、拗口，在吸收和接受中原人的语言、文字中改变本族的语言、文字，从而出现双方都能接受的语言、文字。从这些方面看，吴越人的通达、宽容、随和的性格就表现出来了。

"淹城文化"或称春秋吴国文化，从商末泰伯建"勾吴"，到公元前473年为越王勾践所灭，时间延续约650年。古吴国一度成为长江下游的强大国家，西破强楚，南败于越，北击齐侯，黄池会盟，争霸中原，促进了东南文化与中原文化的融合，对东瀛日本和环太平洋文化也有不可低估的影响。

回眸"淹城文化"历史形成的过程，是"吴文化"和"越文化""同俗并土、同气共俗"，逐渐在相互交融、激荡、流变与集成中形成统一的文化类型。从文化的源流与发展来看，传统的吴越文化，是海派文化乃至现今长三角文化的渊薮和根基,后者则是前者的延续与新生。这些为进一步把握淹城文化的内涵、特质及其价值取向,并在长三角区域一体化进程中推进文化整合,提供了历史和现实的依据。

上文说到,从句吴王寿梦(公元前585年)始,在吴国中心地带即今常州地区,形成了"淹城文化"的形态。

然而,在"淹城文化"的开创历史上,季子是唯一具有真正意义上文化内涵的本土人士,他对"淹城文化"的形成、完善和推广起到了举足轻重的促进作用,因此,他不仅是常州地区的人文始祖,也是整个吴越文化进而真正形成"淹城文化"的人文始祖。

季子(公元前576—公元前484),姬姓,名札,字季札,因封邑延陵(今常州及周边地区),史称延陵季子。

2500年前的春秋时期,更是我国历史上动荡不安的年代,诸侯兼并,贵族倾轧,互相残杀,为了争夺统治权,大开战端,充满了血腥的杀戮。在这种社会环境下,面对合理合法的君王继承权和至高无上的王位,能始终坚持"勤政不君"、"宁耕不王"的思想和理念,天下何人能及? 唯延陵季札,承先祖泰伯"三让高踪"之德行,先后三次让国,成为中国历史上的经典佳话。

图3-1　季札

季子的和谐思想和诚信思想,对今天依然有深远的影响。孔子对季札的人格魅力十分敬仰。司马迁的《史记》中,把吴太伯世家列为第一,而这篇记载吴国二十余个君王及重大国事的文字,有三分之一的篇幅是写季子的。

季札以他的深厚学养和人格魅力奠定了常州"淹城文化"的发展基础,并产生了巨大而深远的影响。

第二节　地域范畴

"淹城文化"形成及发展的地域范畴主要在吴地的中心地带延陵。

先来看看吴地的地域范围到底有多大。经过我们对吴地文化的研究,认为作为社会意识形态的吴文化,它的存在不是静止的,在历史发展变化中也在变。它不是孤立的,必然与横向发生联系。不同地域的划分,不是随心所欲的,通常以地理的自然环境所蕴含的不同特征,物质的精神的不同基础和形态,由此而构成区域的标准。

所以,吴地的范围相当于现在的江苏省淮水、泗水以南到浙江省湖州、嘉兴一带,而以太湖流域一带为核心。具体地说,是以太湖为腹心,上海、南京作首尾,苏州、常州、无锡、镇江、杭州、嘉兴、湖州为节肢,旁及南通、扬州的一个地域整体。

图 3-2　延陵

再说延陵,其邑境南抵太湖,北达长江,东毗吴(今苏州),西含云阳(今丹阳),包括今武进、无锡、江阴、丹阳诸县(市)地域。

春秋时期,由于常年争战,延陵几番归属,先属吴,后属越,再属楚,直到秦一统天下,古邑归属于秦。

秦始皇二十六年(公元前221年),统一天下,实行郡县制,延陵邑、云阳邑分别建置为延陵县、云阳县(后改曲阿县,即今丹阳市),均属会稽郡。此时,延陵县的疆域东邻无锡,东南起自太湖,西南接阳羡(今宜兴),西连云阳(曲阿),北抵长江中流(含今武进、江阴的部分地域)。

汉王刘邦统一中国后,于汉高帝五年(公元前202年)改延陵县为毗陵县(据新修《武进县志》称,另有高祖二年之说),属会稽郡。汉班固在《汉书·地理志》中讲:"毗陵,季札所居。江在北,东入海,扬州川。莽曰毗坛。"常州从春秋到秦名为延陵,汉改为毗陵,所以颜师古注"旧延陵,汉改之","扬州川"指扬子江即长江,"莽曰毗坛"是指汉时王莽建立新朝,曾改毗陵为毗坛。这是有关毗陵为古延陵,亦即季子所居的最早记载。之后东汉袁康所著《越绝书》则称:"毗陵,故为延陵,吴季子所居",与《汉书》所载一致。南宋《路史》亦称:"古延陵在今常州晋陵"。

常州、武进之延陵古邑县,自周灵王二十五年迄汉高祖五年,计345年;以秦王政二十六年置延陵县至汉高帝五年改毗陵县,共19年。

自延陵改为毗陵起,历经西汉、新莽、东汉、三国等朝代,延陵县名湮没482年后,又于曲阿县西南重置。

晋太康元年(280年),吴亡,晋武帝统一天下。太康二年,对原孙吴所管辖的一些郡县更名、重置。如被吴大帝改名武进的丹徒,改名云阳的曲阿,分别复名丹徒、曲阿;分吴郡西部置毗陵郡,以丹徒为治所;于曲阿县境西南延陵乡重置延陵县。重置后,设治所于延陵镇,改镇为县城,县境包括今金坛市西北部、句容市、丹徒县东部、丹阳市西南部地域。时延陵、丹徒、曲阿、武进、毗陵、无锡、暨阳7县同属于毗陵郡。

晋室南渡后,我国南方经历东晋、宋、齐、梁、陈五个朝代,在这长达272年(317—589年)中,延陵县的名称、疆域均未变更。其隶属关系是:东晋时,延陵县属扬州之晋陵郡；刘宋永初二年(421年)，建南徐州于京口，元嘉八年(431年)，扬州之晋陵郡属南徐州，延陵县改属南徐州晋陵郡；南齐时，一度改晋陵郡侨置南东海郡，延陵县属之。梁天监元年(502年)，改南东海郡为兰陵郡，延陵县改属兰陵郡。陈永定元年(557年)，复将兰陵郡改南东海郡，延陵县属之。

隋开皇九年(589年)，废南徐州置蒋州，治所在今南京清凉山。同年，丹徒并入延陵县，治所从延陵镇移至京口。这时，延陵县的疆域除原来的县境外，还有原丹徒县境，属蒋州。开皇十五年(595年)，置润州，治所设于京口，原属蒋州的延陵、永平(今溧阳)和原属常州的曲阿划归管辖。同年，分曲阿县的金山乡为金山府(后改金山县，即今金坛市)。隋大业三年(607年)，废润州以辖县归江都郡。江都郡属县有16个，延陵县是其中之一。

唐武德三年(620年)，沈法兴与李子通割据江南，重置润州，并把隋时并入延陵县的丹徒县境复置丹徒县，延陵县仍为旧地域，治所徙至原延陵镇。同时，在句容县置茅州，辖句容、延陵二县。武德七年，废茅州，延陵、句容县改隶润州。武德八年，延陵西的金山县并入延陵县，其县境包括原延陵县境和今金坛市境。唐武后垂拱四年(688年)，原并入的金山县境分置金坛县。

北宋熙宁五年(1072年)，延陵县废。

清康熙《武进县志·建置》载："周灵王二十五年甲寅，吴余祭元年，封季札于延陵。诸樊卒，余祭立，封札于延陵，即今常州地，至西汉为毗陵。杜佑谓，润之延陵镇非古延陵，古之延陵在今晋陵县。"光绪《武进阳湖县志》载："武进之地，虞、夏、殷在扬州域，周为吴延陵。"又："秦始皇二十五年(应是二十六年)置会稽郡，延陵为县，汉改曰毗陵。"

总而言之，季札封邑辖区较广，但邑治应在今常州境内，这一点普遍为古代及近现代学者所公认。今江阴、丹阳在春秋吴国时都属古延陵地域，换言之，"淹城文化"所及范围，也就是以常州为邑治的古延陵地。

第三节 基本特征

历史文化是一个城市的精神现象,每个时代在城市发展中都会留下自己的痕迹。历史文化同样是一个地区的气质、风骨、灵魂和内涵,不仅是其记忆的历史载体,更是其可持续发展的脉络和根本保证。独具特色的城市文化可以塑造独特的城市风格,特别是像常州这样有着悠久历史和浓郁文化底蕴的江南城市,尤其彰显得淋漓尽致。

那么,"淹城文化"具有哪些基本特征抑或特色呢?我们先来看一下其形成过程中逐渐展露的一些痕迹。

根据考古发掘的资料,曾有学者把常州地区的考古学文化称为吴越文化,这是有一定道理的。越文化发轫的时间比吴文化早,吴人是后来才进入到太湖地区受到越文化影响,慢慢地表现出与越文化融合的一面。

早期的吴文化以"武"为主导,人们尚武好斗,具有"开拓"、"争霸"、"创业"等精神。在春秋时期,吴地的尚武之风十分盛行,史籍上多有吴人"侠义轻生"、"尚武好斗"的记载。《汉书·地理志》说:"吴、粤(越)之君皆好勇,故其民至今好用剑,轻死易发。"所以"句吴"就是"吴","于越"就是"越"。其他冠首词的发语词性质类似。

《尚书大传》"吴、越之俗,男女同川而浴"。严格地讲,这些本是越地的风俗民情,是吴人进入越地后,"越化"程度加深的种种表现。其百越文化的基因不够显扬,越人则保留了较多的百越质朴、悍勇和开拓进取的心理特征,一种多少带有野性成分的精神气质。和邻近的吴文化、徽文化相比,越文化具有一种本我的勇悍气质、外向开拓、冒险精神等精神特质。

鲁文化则是在有吸纳夏商文化的基础上,加上当地重视农业的传统,奠定了传统宗法农业文明的基础,又使鲁文化走上了一条重亲情、重礼仪、重道德规范和以我为主、自我完善的发展轨道。因此说,鲁文化在当时是一种最为先进的文化,在其融入"淹城文化"形成过程中的作用也不可小觑。

"淹城文化"是一信义文化。春秋时,季子徐墓挂剑;伍子胥逃亡途中,史女投江宁死守信,后来伍重信重义;专诸鱼肠刺僚,舍生取义等,重信守义已成为吴人之文化基因。

"淹城文化"是一重教文化。自从三千多年前,泰伯,仲雍奔吴立国起,吴人历来重视教育。崇文重教的传统不仅使苏南人才辈出、劳动力素质相对较高,也使尊重知识、尊重人才蔚然成风。

"淹城文化"是一吸收融合的文化。据考古学界辨证,属于良渚文化的玉器已是线条细、雕琢精致,呈现出秀美清灵风格。这与江南的山清水秀的地理环境相融合。又是吴越文化与商鲁文化、楚文化的大融合。

"淹城文化"也是一水性的文化。环太湖地域水道交织,百川汇流,也正是这得天独厚的地理环境孕育出吴文化的灵秀。天下莫柔弱于水,但汇集起来却能迸发出磅礴力量,攻坚强者莫之能胜,以其无以易之。吴人看似阴柔,但在原则性关键时刻却自能刚正不阿。

多种文化交集融合的"淹城文化"就概括了其多种文化的特征,即诚信厚德、兼容并蓄;聪慧机敏、灵动睿智;经世致用、务实求真;敢为人先、超越自我;崇尚气节、以柔克刚。

先来讲"诚信厚德,兼容并蓄"。

常州与舜帝有很深的渊源,舜帝的精神已经扎根在这片土地上,人文始祖季札的诚信品行更是成为这一方水土中主导的灵魂,诚信已成为社会规范和个人品德。

从诚信行为主体的角度看,诚信有三个层次:道德自律、制度约束和文化自觉。这三者既是独立显现的,又是相互融合的。诚信不仅仅是指个人的良好品质,更是建立在现代公民意识之上的一种"公德"。诚信文化表现为:诚信是立人之本,即说老实话,办老实事,做老实人;诚信是齐家之要,即诚实无欺、信守诺言、和睦相处、团结合作、互相爱护、互相关心;诚信是处世之道,即诚信是人与人之间交往中必须遵循的基本准则;诚信是兴业之宝,即只有诚实守信才能在经营中有所作为。因此,个人诚信是形成社会诚信文化的基础。

同时,一方水土涵养一方人文,溯(长)江、环(太)湖、濒海的"山水形胜",

造就了淹城文化缔造和传承者的文化习性与人文精神,表现出兼容并包,有容乃大的精神。中华文化的包容性来自传统的中和思想,尤其是"和而不同"的哲学观念,具有把各种对立因素协调为有机整体、把外来异质文化因素加工改造、纳入自身体系的特质。

其次,讲"聪慧机敏,灵动睿智"。

"淹城文化"之所以兴旺发达、人才济济、圣贤辈出,优越于其他地区,在于其创生和传承,既是优越地理环境的造化,更是经济社会发展的结晶。常州人民世代相袭的聪明才智,非但赋予锦绣江南特有的柔和、秀美,而且熔铸出由这些精雅文化形式所体现的审美取向和价值认同。重视教化、尊重人才,勤谨睿智的创造精神,蔚然成风。

再说"经世致用,务实求真"。

"经世致用"是一种务实革新、求真求是的学风和"经世"爱国的优良传统,对后世产生了深远的影响。淹城文化的特点之一是把经世致用作为其基本精神。

经世致用力求从实际出发去解决当前的现实问题。经世派具有敢于冲破文化封闭状态,把目光转向世界的新的思想发展趋势,以及不随波逐流的求真务实精神。

常州地区商品经济率先起步,市民阶层形成较早,实业传统、工商精神、务实个性和平民风格等,都是"淹城文化"包括海派文化中不可或缺的内容。毫无疑问,大力弘扬崇真向善、淳朴平实的精神,离不开求实、务实风格的延续,既继承传统经世致用之学,又有浓厚的社会责任感。其敏锐的社会洞察力和求真务实的作风,对当今社会仍然具有极大的启发意义。

还有"敢为人先,超越自我"。

善于创造、勇于创新、敢为人先是"淹城文化"的秉性,也是这一区域文化充满生机与活力的内生动力。只有始终坚持这种永不止息的创新精神,增强突破意识,摆脱狭隘的视域和地域羁绊,才能不断超越自我,进一步助推区域的文化整合,不断谱写新的华章。

"淹城文化"的这一基本精神,在中国传统文化中得到充分发扬,对地区自强、自立、发展、壮大,起了很大的积极作用。

最后说"崇尚气节,以柔克刚"。

气节即志气和节操,指的是为坚持正义和真理,宁死不向邪恶屈服的品质。气节之中,民族气节为重。民族气节是爱国主义的道德基础,它以维护民族、国家利益为最高原则,由先人共同铸就了"淹城文化"中崇尚气节的爱国精神,表现出不屈不挠的奋斗精神和强烈的忧国忧民意识。真可谓"三军可夺帅也,匹夫不可夺志也"(《论语·子罕》)、"富贵不能淫,贫贱不能移,威武不能屈"(《孟子·公孙丑》)。

同时,"淹城文化"又体现出柔性精神。柔性精神,不是软弱无能、退缩无为,而是在外在形态上表现为以柔克刚,默默奋斗,自强不息。通过柔与韧的形态体现出不屈不挠、不达目的誓不罢休的品质。环太湖地域水道交织,百川汇流,也正是这得天独厚的地理环境孕育出"淹城文化"的灵秀——水性的特征。

从上述几个特征也可看出:"淹城文化"在长期的历史锤炼中,凝聚了一种对中华文化的奉献精神。这是一种追求社会发展和实现人的发展的创造精神,是一种在面临挑战和机遇时勇于进取的开拓精神,是一种在时代变迁时既不能消融主体又善于接受外来文化的开放精神。

第四节　发展过程

在中国文化史上,六朝时期以前产生并存续于江南地区的"淹城文化",尚未形成一种真正具有核心价值理念、具有鲜明的统一性和系统性的文化形态。正统的中原文化起源于黄河流域,重农轻商,是典型的农垦文化,有较强的封闭性。而"淹城文化"由于古时远离政治中心,并且地处长江下游和环太湖地区,自然条件优越,水路交通便利,起步又略晚于黄河流域,是一种开放的文化。

夏商时期,这一地区远离中原,而当时,古老的百越民族生活在此,文身断发,被中原地区视为蛮荒地带。此后,商奄南下带来鲁文化,先周的太伯建立了南方的吴国,这里才接受了外来文化的影响。

公元前 584 年左右,吴国的第十九代君主寿梦当政,开始在春秋舞台上横空出世,崭露头角,中原各国无不震动。中原大国晋国向吴国派出了一个特殊的使臣巫臣,他将中原先进的车战之法带到了吴国。孙武、伍子胥等外来重臣把中原文化和荆楚文化带到吴国,使吴国迅速崛起,强盛一时。

吴国本土出现了杰出的政治家、思想家、外交家季札。季子淡泊名利,三次让国被传为美谈,诚信守诺的德行操守更为人称颂。他出访中原各国,观乐评政,见微知著,赢得诸侯的尊敬。他是淹城文化在春秋时期最具代表性的人物。

吴越春秋谱写了历史辉煌的一页,创造了既有中原文化特质,又区别于黄河流域文明,具有鲜明自身特点的"淹城文化",是太湖流域文明的集中体现。

后来吴被越所灭,越亡于楚。然而进入秦汉统一以后,吴地一直被边缘化,统治者为了加强中央统治的专制集权,防止地方的自主和反叛,加以目光的短浅,不能利用统一的威势去发展南方,而是采取消灭地方割据势力,集权于中央的强干弱枝的政策,以巩固其万世帝业。秦始皇初灭六国,便迁徙天下豪富 12 万户集中于咸阳及巴蜀;汉继秦后,采取同样的手法,有过之而无不及。汉高帝迁徙六国国王后裔、豪杰、名家及齐国的田氏、楚国的昭氏、屈氏、景氏、怀氏五大族 10 万余人入关,从而使得东南地区的农业、经济和文化发展的进程遭到人为的打击而受挫,发展甚是缓慢。到六朝时期才逐步与中原文化融合,并成为全国政治经济文化中心。

先秦时期的"淹城文化",虽受华夏文化的影响,但基本上还是相对独立的地域文化,是中国诸多非主流文化中最发达的一支。汉代的淹城文化,则是中国主流文化——汉族文化的一个区域形态。这一转型过程,开始于楚威王败越,剧变于秦皇、汉武时期。这段时期,吴本土居民大量入海南奔,楚人与中原人先后进入吴地,由于主导人口与基本居民发生变换,使淹城文化的民族性随之激变,但当地的民众仍以尚武逞勇为风气。

秦汉时期,吴地的煮盐业开始得到较大的发展。三国孙吴时期,吴地的青瓷烧制,规模和水平在全国处于领先地位。为了交易的方便,开始出现摊贩、庙会、集市等交易方式。贸易的兴盛,使得吴地形成了星罗棋布的乡间集镇。隋唐时期,丝织业在吴地占据重要地位,开始出现了独立于农业的丝织业机户,造纸业、印染业和冶铁业作坊也有了相当规模的发展。

三国时期的吴国承上启下,在思想界、学术界没有重大建树,却因为东吴王朝的偏安,使江东免遭战祸,社会稳定,经济复苏,并形成了土著氏族阶层,这个阶层在东晋及整个南朝思想、文化、艺术乃至经济、军事方面起了极大作用。

到了三国和晋代,有关文字学、史学、经学的著作正式面世。主要有三国韦昭(金坛人)撰的《国语注》21卷,它是古籍《国语》最早的注解本和注述体散文著作。还有东晋朱凤编撰的《晋书》10卷、袁宏编撰的《后汉记》30卷。稍后又有徐邈、徐广兄弟俩的经史著作多部出现。

六朝时期是"淹城文化"发生根本性变化并融入主流文化的重要时期。西晋永嘉之乱,为"淹城文化"的发展提供了一次重要的契机。由于当时中原战乱频发,大批北方氏族纷纷南迁。它不仅带来了中原先进的耕作技术,促进了本地经济的发展,而且由于中原文化的融入,也丰富了本地文化的内涵。加之从东晋到南北朝齐梁时期,大多采取和平禅让的方式,避免了攻地掠城的破坏,又给常州带来了近170年的安定环境,为齐梁文化的肇兴提供了必要的条件。

南北朝齐梁时期,是常州"淹城文化"肇兴的重要标志。齐梁年间,士族文化的阴柔特质及其对温婉、清秀、恬静的追求,改变了淹城文化的审美取向,逐步给其注入了"士族精神、书生气质"。

齐梁文化的兴盛,是自季札以来"淹城文化"出现的第一个高潮。

在文化转型的同时,作为地区特色的养生与隐逸文化又向主流文化渗透,在中国文学史上占有重要地位。在民间,吴歌的繁荣也成为地域文化的一大特色。在南朝乐府民歌中,吴歌占有很大比重。

吴的地方官员,大多沿袭、弘扬了重视和倡导文化的传统,其中本人就是好学上进、在文坛上有所建树的地方官员,表现得更是突出。如唐代常州刺史独孤及、宋代常州知州王安石,他们虽然不是本土出生,却对地方文化作出了重要贡献。有的赋闲文人在当地也很有影响,如苏轼、严羽。

　　这些地方官员对文化的重视和倡导,比之南朝时期的帝王和皇室成员,他们与地方人民的关系显得更为直接和密切,影响也更为深入和具体。他们的品格操守、治理方策、文学成就,不仅起着表率和引领的作用,而且已经成为吴地历史文化的重要组成部分。

　　在唐宋以降,名人辈出,成为文化发达地区。北宋王朝覆亡后,南宋王朝被迫迁都建康(南京),再迁临安(今杭州),中国的政治、经济、文化中心移到了江南。出现了"上有天堂,下有苏杭","苏常熟,天下足"的景象。

　　常州"淹城文化",自隋唐至明代,又绵延了一千多年。这一时期,就总体而言,是在齐梁文化积淀基础上的顺势发展时期。

　　明代江南成为全国举足轻重的粮食生产基地。水稻农艺水平在全国处于领先地位,亩产量达到三石。明代鼓励种植经济作物,松江、苏州等府的棉花种植不断发展,形成了一个沿江、沿海大面积种植棉花的专业生产区。江南的栽桑、养蚕、丝织更为兴旺发达。

　　清代从顺治至宣统,共267年。在这一巨大而深刻的历史变迁中,常州"淹城文化"既承载着盛世年代的辉煌,又以呼唤改革的态势,在由盛转衰的过程中绽放出绚丽的光彩。

　　南宋直至明清时期,"淹城文化"愈发向文弱、精致的方向生长。随着工商实业的萌芽,"淹城文化"除阴柔、精细之外,又平添了消费特征和奢华之习。到清康乾盛世,苏、杭已成为人们心目中的天堂,其间不论是经济、科技、教育,还是学术思想、文学艺术,都成为这一文化走向高峰并在全国领先的标示,影响一直延续至今。

第五节　史事钩沉

　　历史事件的作用可分为积极作用和消极作用,而意义是指事物所包含的思想和道理,一般只讲积极意义。历史事件的历史作用,一般是指直接、积极的作用。侧重物质方面,影响是间接的,要经过受影响者的选择,另外,影响比较中性,有时甚至是坏的。历史意义是正面的价值,有的意义是时代的标志,它侧重于精神方面。

　　一个完整的历史事件应包括时间、地点、人物、经过（或内容）、意义五个要素。因此说事件是一个地区特殊的文化符号,蕴含着极为深刻的历史记忆和文化内涵,承载了一个地区的历史文明,对人们了解和解释历史文化现象、掌握文化特征和民情风俗等,具有十分重要的价值和意义。认识其深远影响和相互关系,理解文化背景和经脉,才能准确掌握历史发展的进程。

季札封邑

　　《左传》、《史记》记载,季札第一个封地即为延陵,史称延陵季子。季子在让位吴王僚时,《史记》称他"逃归延陵"。在吴公子光杀僚篡位后,《春秋公羊传》称季子"去之延陵"隐居起来,"终身不入吴国"(此指吴都)。可见,季札从封地到最后隐居地都是延陵。

　　常州,古为吴地,公元前547年季札受封于延陵。自此,常州有了延陵的名称,距今已有2500多年历史。据史料记载,季札采邑古延陵"其邑境南抵太湖,北达长江,东毗吴,西含云阳",包括今武进、无锡、江阴、丹阳诸市(县)地域。季札封邑辖区较广,但邑治应在今常州市境内,这一点普遍为古代及近现代学者所公认。据吴氏宗谱称季札生五子,俱有德操,其后裔遍布各地,季札后裔及其当地人民建立寺庙以表示对这位先祖的纪念和尊崇也是理所当然的。

筑阖闾城

　　周敬王六年(公元前514年),吴国大夫伍员伐楚还师后,奉吴王阖闾命筑此小城,因以阖闾名命之,称为阖闾小城。城北靠仆射山、胥山、虾笼山等为屏障,山前有坡地,南临太湖,是以控制楚、越两国之入侵,以保吴都阖闾大城安全。

　　阖闾城位于武进雪堰乡城里村与无锡胡埭乡湖山村之间，占地约 100 万平方米，为春秋中期城池遗址。城址呈长方形，东西长约 1300 米，南北宽约 800 米。城中段有残存城墙相隔，形成东西两个方形城区。东城较小，在无锡境内；西城较大，大部分在武进境内。城墙残高 3—4 米，墙基厚约 20 米，均系夯土筑成。东西无城墙残迹，利用宽约 30—40 米的直湖港（闾江的一部分）作堑壕，与外界隔断，其他三面均有 6—30 米不等的城壕，总长约 4000 米，城内现有周家、城里及东城等自然村，有 5 座桥梁与外界通联。

　　该城墙剖面露头之土呈浅黄色，发现大量新石器时代晚期至春秋战国时期的夹砂灰陶、红陶，春秋时期的硬陶鬲足、罐片等遗物。一件陶釜的腰沿明显带有马家浜文化的特征。采集到的黑陶豆残片，则和崧泽、草鞋山遗址中层发现的陶豆特点相近。发现的饕餮纹、勾莲云雷纹、绳纹和方格纹、米筛纹、填线菱形纹等陶片，则具有几何印纹陶不同发展阶段遗物的特征。为省级文物保护单位。

　　阖闾城西还有众多吴国村镇的遗址群，吴文化遗址群落总量已达七处。这七个遗址点分别为火叉浜、四方台、土垄埂、庙墩、西天星墩、东天星墩、青墩。阖闾城西的遗址群，全在武进境内，

　　阖闾城的文化堆积很厚，历史十分悠久。城内马家浜、崧泽、良渚文化的陶片很多，周围的堆积更丰富，这里还可能是人类文明初现曙光的地点！因此阖闾城不是阖闾、伍子胥新筑之城，而是在已有上万年人类居住历史的繁华聚落址上扩建了一座城。

侨置兰陵

　　西晋"永嘉之乱"后，出现了空前规模的民族大迁徙浪潮，北方汉族人民为逃避战乱和民族冲突，纷纷举族南迁，大量人口从中原迁往长江中下游，史称"永嘉南渡"。

　　永嘉（307—313 年）是晋怀帝司马炽的年号。在永嘉之前，中原地区曾发生过长达 16 年的八王之乱。变乱直接招致了永嘉时期的民族斗争。匈奴和

羯族的首领刘曜、石勒等率领部众,残酷地屠杀汉人。永嘉四年(310年),刘曜在今河南东部攻下汉人坞堡一百余处。同年,石勒在今湖北襄樊一带攻下坞堡三十余处。后又在苦县宁平城(今河南鹿邑)击败晋军主力,晋军死者十余万人。同年,刘曜攻陷洛阳,纵兵大肆屠杀焚掠,洛阳几乎化为灰烬。就在这样的情况下,晋朝的官民实在无法忍受,就大量南逃,史称"永嘉南渡",这是有史以来中原汉人第一次大规模南迁。

永嘉南渡在很大程度上客观地促进了长江中下游的经济发展,为之后江南一带以及整个南方的大开发奠定了基础。《晋永嘉丧乱后之民族迁徙》和《简明中国移民史》载,永嘉南渡引发了中国人口南迁浪潮。这个浪潮由永嘉年间发其端,到南朝刘宋朝元嘉年间(424—453年)终其绪,为时达半个世纪之久,前后有4次高潮。移民的来源遍及北方河南(今省区,下同)、山东、山西、河北、甘肃、陕西及安徽北部。接受移民的省区以江苏最多,约26万,移民总数约计90余万(一说200万),江苏接受移民最多的区域是晋陵(常州)。

《宋书·州郡志》载:"晋永嘉大乱,幽、冀、青、并、兖及徐州之淮北流民,相率过淮,亦有过江在晋陵郡界者。"这是第一波移民潮。"晋成帝咸和四年(329年),司空郗鉴又徙流民之在淮南者于晋陵诸县。其徙过江南及留在江北者,并立侨郡县以司牧之。"这是第二波移民潮。

永嘉南渡带来了中原文化和先进的生产技术,促进了江南地区社会、经济的发展。

萧氏称帝

齐梁故里——十五位常州籍皇帝的故乡万绥,最早名"阜通镇","阜通"本为故"武进县城"建置。《中国古今地名大辞典》记载:《齐记》中朝之乱。萧整自兰陵过江,居"武进故城"之东城里,故称"东城"。淮阴令萧整于东晋大兴元年(318年),率领萧氏士族由山东苍山县兰陵镇南迁,来阜通侨居。迁居时侨置郡县,以北方地名南称,改阜通地名为"兰陵"。刘裕代晋立宋后,凡侨置郡县,均冠以南字,又名"南兰陵"。南兰陵就是"兰陵故城"的旧址。梁敬帝太平二年(557年)正式改阜通镇为兰陵镇。

在南北朝时,兰陵出了齐、梁两朝皇帝。由于颂扬皇帝,又把兰陵镇改称"万岁镇"。梁武帝的祖宅中都里在"兰陵故城"南面,也叫"万岁里",因此改名"万岁"。据《武阳合志》云:北宋太祖赵匡胤登基,于建隆元年(960年)正式称"万岁镇"。

万绥是齐、梁两朝的发祥之地,是"齐梁故里"。萧道成、萧衍是齐梁两朝的开国皇帝,继承他们的还有齐梁两朝的其他13位皇帝和在他们前后的多位文治武功的萧姓名人。

齐高帝萧道成(427—482),是在万绥建立南兰陵郡县第一人萧整之后,为汉相国萧何二十四世孙。他生于刘宋元嘉四年(427年),字绍伯,小名斗将。他在东城里出生长大。479年,萧道成废顺帝,自立为帝,改国号为齐。

梁武帝萧衍(464—549),字叔达,小名练儿,生于刘宋大明八年(464年)。他是齐高帝萧道成的族侄,系萧道成族弟萧顺之的儿子。齐和帝中兴二年(502年)四月,萧衍废和帝,自立为帝,改国号为梁,成为梁朝的开国皇帝。

图 3-3 萧道成

图 3-4 萧衍

南北朝齐、梁(常州籍)皇帝15人:齐高帝萧道成,479—482年在位;齐武帝萧赜,483—493年在位;齐景帝萧昭业,494年在位;齐恭王萧昭文,494年在位;齐明帝萧鸾,494—498年在位;东昏侯萧宝卷,499—501年在位;齐和帝萧宝融,501—502年在位;梁武帝萧衍,

502—548 年在位；临贺王萧正德，548—549 年在位；简文帝萧纲，550—551 年在位；豫章王萧栋，551 年在位；武陵王萧纪，552 年在位；梁元帝萧绎，552—555 年在位；建安公萧渊明，555 年在位；梁敬帝萧方智，555—557 年在位。

疏拓运河

古运河的开凿始于春秋时期。各诸侯国为发展和外界的交往，在所控制的区域内开凿运河，沟通自然水系。京杭大运河是世界上开凿最早、里程最长、工程最大的运河。北起北京（涿郡），南到杭州（余杭），全长约 1764 公里，开凿到现在已有 786 年的历史。京杭运河对中国南北地区之间的经济、文化发展与交流，特别是对沿线地区工农业经济的发展和城镇的兴起均起了巨大作用。

京杭大运河全长 1794 公里，贯通北京、天津、河北、山东、江苏、浙江六省市，流经海河、黄河、淮河、长江、钱塘江五大水系，2500 年前，春秋战国时代，吴王夫差为伐齐开凿邗沟，1400 年前，隋炀帝开凿江南运河。

古代运河联通长江和淮河。春秋时期吴王夫差于公元前 486 年—公元前 484 年开凿。南起邗城（今扬州）以南的长江，北经樊梁湖（今高邮附近）折向东北，入射阳湖，再向西北经淮安入淮河。东汉时期向西改道取直，由樊梁湖直接向北，经津湖、白马湖，北入淮。东晋永和年间，南段江水已不能引入运河，从今仪征引水。隋大业元年（605 年），炀帝开挖通济渠时，又开邗沟，自山阳至江都入扬子江，沟通江、淮，成为隋代大运河的重要组成部分。

唐元和八年（813 年），常州刺史孟简为加强江南漕运，疏浚了孟渎（今孟河）于常州西北引长江水南接运河，以利漕运。宋代，在常州专门设立了江浙、荆湖、广西、福建路都转运使司来承办漕运。南宋淳熙年间（1174—1189 年），自宜兴北泾湖至常州疏治了荆溪（今南运河），而成漕运通渠，自此宜、溧一带的漕粮船皆由此而运。

岳飞屯兵

宋建炎四年(1130年)春,抗金名将岳飞率军驻扎于常州淹城,以南控广德、西观溧阳之势,截击完颜宗弼军渡江北归。

岳飞在屯兵淹城的短短时间里,组织兵士进行训练。岳飞对军队要求极严,士卒擅自拿人民的一根麻用来缚草,即被斩首示众。他特别注意练兵,冲山坡,跳壕沟,都穿着重铠练习。岳飞能左右发射,他的士卒也都能左右发射。

图3-5　岳飞屯兵

受过严格训练的士卒严格依照命令行动,就是突然遇到敌人也不会慌乱。岳飞赏罚分明,关心士兵,经常替病号调药;将士远征,他经常慰问他们的家属;作战牺牲的,抚养他们遗下的子女。凡有赏赐,都平均分给部下。

岳飞身体力行,生活简朴。他有句名言:"文官不贪钱,武官不惜死,天下就会太平。"据说就是在淹城出兵攻打敌军时对将士们说的。

当时,金兵占领溧阳,岳飞派刘经率领部队,乘夜出击,杀敌五百,活捉女真、汉儿军及伪溧阳知县等 12 人,收复了溧阳。南下金兵狼奔豕突,到处烧杀掳劫,金兵窜到宜兴金泉乡。岳飞率军追到宜兴,与金兵在宜兴城南相遇,双方在百合场展开激战。岳飞亲自率军与金兵厮杀,双方军门遥对,战鼓咚咚,人马嘶叫,刀枪剑戟的撞击声,杂似松涛竹啸,战尘蔽天。岳飞横枪跃马,千百健儿越杀越勇,金兵不敌,狼狈向北逃窜。岳飞追杀一阵,派岳云率兵赴常作战。

据传,岳飞亲率部队扎营离常州城 20 里的淹城,张宪、王贵、傅庆引本部兵马,伏师戚墅堰桥南,遣傅庆、王万领兵伏西河滩,又令岳云、张宪率兵扮作溃军伏新闸,遣李道、姚政东西援应,留刘经守营。不几日,岳飞亲率一千岳家军,与金兵在常州东郊相遇,双方展开血战。顿时,战鼓声声,伏兵四起,岳飞四战皆捷,兀术率军向西奔窜,敌人死伤和溺死者不可胜计。岳飞又从后掩杀,金兵横尸 15 里,活捉女真万户少主李董、汉儿李谓等 11 人。

金兵西窜时一把火把常州烧成一堆废墟。岳飞率军追击,向建康进发,在清水亭再与金兵接仗,又获大胜,敌人横尸十里,活捉女真渤海汉军 45 人,更斩耳环兵 175 人,获马甲金鼓无数。

当年岳大帅帅府在淹城内城坡地上(今南边村位置),帅府为坐北朝南的六间厅屋,横宽六丈,进深二丈六,檐高一丈三尺六,大门外的大红立柱有一抱粗。帅府门前抱柱上有一副楹联,上联曰:武官不惜死;下联为:文官不贪钱;横批:精忠报国。此帅府遗址于 1930 年被当地商人孟二芽拆除,木料运往城外高田村建造庄家祠堂。至 1990 年,庄家祠堂被拆,木料又被人买去建造厂房了。

另外,常州还发现了岳飞屯兵淹城时的两个手书题词。一是岳飞给常州苏东坡后人修谱时的题词"眉山苏氏传世至宝",一是岳飞给武进王氏修谱时的题词"王氏世宝"。

纸城铁人

元至正十二年(1352年)二月,元兵自西而东,在右丞相伯颜率领下,分兵三路:一路沿江入海取嘉兴府华亭;一路攻打独松关;一路直逼常州城下。常州知州赵汝鉴贪生怕死,逃之夭夭,戴之泰等开门揖贼,投降了元兵。元兵入城后奸淫掳掠,掠人户为奴。元兵的暴行,激起了人民的仇恨。当时,正因母丧在家的姚訔(任福建泉州司理)听到此消息,立刻从宜兴乘船到了无锡,与志同道合的陈炤商讨收复常州的大计。他们分头在四乡奔波,不久就组织了两万多人参加的义军,又派王通去和张世杰联络,约定联合攻城。这时,焦山兵败的张世杰正退守江阴,得此消息,立即派都统刘师勇率军增援。宋军和义军联合夜袭常州,两军内外夹攻,元兵还在梦中,就成了刀下之鬼。接着又一鼓作气,攻下常州西南屏障吕城,并派张彦守御。常州收复的消息传到临安,南宋朝廷下诏授姚訔为常州知州,陈炤为通判,又派副统制王安节带兵到常州协助防守。

常州得而复失的消息传到元右丞相伯颜那里,伯颜立即派元帅唆都带兵攻打,镇守吕城的宋将张彦在作战时马陷泥中,被俘投敌,引元兵包围了常州。

吕城失守,常州势孤,但守城义军并不气馁,王安节、胡应炎经常带领义军出敌不意地出击。相持4个月,元兵受到很大伤亡,却前进不得半步。

这时,元右丞相伯颜见常州久攻不下,只得调集各路元兵20万,亲自督战。驻守苏州的南宋名将文天祥发兵3000西进援常,被阻击在横林东南的五牧,因寡不敌众,惨遭败绩。于是常州成了一座孤城,元兵多次招降,均被拒绝,伯颜大怒,迫使城外居民挑土筑阜,架起大炮向城内猛轰,城内军民坚守达两月之久,最后矢尽粮绝,终于失守。伯颜下令屠城,烧杀尽净,死者不计其数。现在城内的"古村"也叫"十八家村",据说屠城后仅剩18户人家,搬来聚居于此。

文天祥被俘后途经常州,写过一首诗咏此事,开头两句为"山河千里在,烟火一家无"。为纪念宋末抗元斗争中的阵亡将士,明正德年间,皇帝诏准常州在忠佑庙后圈建"忠义祠",将文天祥祀于"苏常之祠",正殿供奉着姚訔、陈炤、王安节等15位常州抗元英雄的牌位。明正德六年,巡按御史谢琛将"忠义祠"移建至双桂坊。正德十五年(1520年),常州御史叶忠建"浩然亭"于祠内(现经重修于人民公园内),取文天祥正气歌中的"浩然"二字命名。

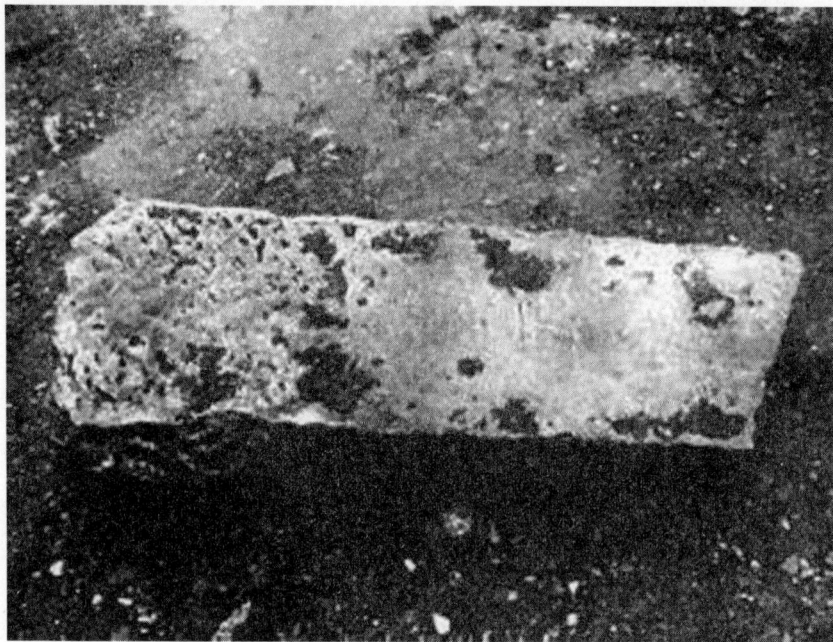

图3-6 抗元

在保卫战中牺牲的先烈主要有王安节,时任常州都统,人称"双刀王"。元兵破城时在巷战中被俘,不屈而死,遗骨葬于西水关,后人在此建王忠荩公墓,并名该地为"王守沿"。

姚訔时任常州知府,元兵围城时,天庆观道士徐道明求见,问姚訔:"如何打算?"姚訔毫不犹豫地说:"死守而已。"徐道明回观对弟子们说:"姚公誓为忠臣,我们也应为义士。"屠城时全观无一生还。

陈炤时任通判,能文善武,城破时率部下巷战,部下劝陈炤:"东北门尚未失,还可突围。"陈炤说:"去此一步,非我死所。"在自己防区中力战牺牲。

龙城书院

龙城书院是常州最大、最著名的书院。这个书院是明隆庆年间，常州知府施观民（福建福清人），于隆庆六年（1572年），在局前街（现局前街小学）创建的。他创建书院的目的是"选诸生之秀者课之，一经品题辄成佳士"。书院之设，"其初皆以讲学，其后遂专以课文"，也就是介于官学与私学之间。

龙城书院当时规模宏大，有堂斋（书院房屋）200余间，膳田（维持书院经济的田产）1000余亩。

据钱维城《龙城书院记》载：明万历初，张居正任首辅，厌恶文人学士议政，下令"尽毁天下书院"，龙城书院遂废。书院房地产也渐被百姓占去。万历三十一年（1603年），常州知府欧阳东凤（湖北潜江人，复建东林书院、道南祠的主持者）将原龙城书院房地产赎回，改建先

图3-7 龙城书院

贤祠。他改建先贤祠之目的"盖避书院之名，而举行其实"，不说是书院，说是纪念先贤，而意在恢复书院讲学传统。当时在祠前有传是堂，堂南有千古一脉坊、怀施轩，左右翼各为"尊德性"、"求放心"斋舍。祠左有经正堂、次川堂、次后堂，堪称宽敞宏伟。

复建的龙城书院，规模比原来更大。由钱一本（东林八君子之一）主掌执教。当时，常州府所辖八县及周边郡县那些学识渊博、掌教有方之士，常到龙城书院相聚论学。无锡东林书院、宜兴明道书院常与龙城书院诸先生"往来

酬答，商榷辩难，蔚然为东西邹鲁"，"闽浙、江西且有远来之朋"，讲学授道之风盛极一时。

明天启年间（约 1621 年），宦官魏忠贤专权，又下令禁办书院，意在钳制民间议政渠道。龙城书院与东林党是一脉相承，魏忠贤及党羽当然要禁。当时常州知府曾樱（江西峡江人）多次上表坚称，"龙城系课文之所，非讲学之地"，坚持把龙城书院保留了下来，"故独得不毁"。

后倭寇侵犯东南沿海地区，书院一度改为兵备道署。直至清代，书院几经兴废。

据《常郡艺文志》载，欧阳东凤与曾樱任常州知府时，是龙城书院讲学最兴盛时期。知府曾樱很重视讲学，"每月有会，公必亲临。以圣贤之学相切劘，往往至日昃不暇为文而诸生神怡心悟"。时龙城书院讲学，与无锡东林书院、宜兴明道书院相呼应，往来甚密，闽浙赣等地求学之士，都不远千里，到龙城书院听讲学。

清康熙二十五年（1686 年），常州知府骆钟麟曾想重办龙城书院，几番努力均未成功。乾隆十九年（1754 年），常州知府宋楚望（湖北当阳人）以自己的俸禄捐助，表示要"以兴复龙城书院为己任"。地方士绅见状，也纷纷出资捐助。宋楚望亲任督工，仅两个月完成修建工程。邀常熟名儒邵齐焘任龙城书院掌教。据《常郡艺文志》载，龙城书院之再次兴建，造就了大批有识之士。黄仲则、洪亮吉等均曾就学于此，出自邵齐焘门下。

光绪二十八年（1902 年）二月，因清廷改制，龙城书院改为"武阳公立小学堂"，即现常州局前街小学。

另外，延陵书院、道南书院与龙城书院合称常州古代三大书院。

学派纷呈

清代，常州形成了蜚声中外的诸多学派，分别为常州学派、阳湖文派、常州画派、常州词派、孟河医派。

清代汉学的复兴，先是古文经学的复兴。清代雍正、乾隆两代，兴起对经书的文字、音韵、名物、训诂和古代典章制度的考据。《清经解》收录考据名著157家188种1408卷,其中大多数是乾隆、嘉庆年间的著作,世称乾嘉学派,也称考据学派。

常州学术环境的独特之处是:经世之学、经世思潮是常州学术的主流。因此,可以说,常州今文经学的兴起是经学和经世之学的产物。经世之学,不仅是关于世界观的学说,而且是一套专业知识,包括天文学、水利学、军事绘图学,等等。专门知识还是常州士绅经世学说的重要部分。

常州学派是清代乾隆、嘉庆年间出现的,以庄存与、庄述祖、庄绶甲、刘逢禄为代表的,研究《春秋公羊传》的今文经学派。由于他们都是清代常州府人,故得名。从学术流派的角度而论,常州学派是与吴派、皖派并列的以今文经形式的纯汉学研究的地域性学术流派。

常州学派的今文经研究风格,有别于拘守马、郑古文经学的吴派和皖派,而呈现出自己的特色。其特色主要表现在两个方面:一是不拘汉、宋门户之见,重在"剖析疑义";二是不拘门户,兼采汉、宋。常州学派的上述治学特征,亦为近代今文经研究者所继承。

阳湖文派的得名,起自光绪初年张之洞《书目答问》,这本目录列举清代古文家文集时,分为"桐城派古文家"、"阳湖派古文家"、"不立宗派古文家"。这时候,阳湖文派的创始人恽敬、张惠言已去世半个多世纪。"阳湖文派"不仅它的名称是后人"加给"的,而且它的创始人也是后人"推选"的,甚至它的成员也是后人"认定"的。"阳湖派"的得名,从根本上说,是武进、阳湖籍的一群作家们"自成一队"的创作实绩得到世人的推崇,他们的文学主张得到世人的承认所致。《书目答问》在"桐城派古文家"之外,另立"阳湖派古文家",这是对世人舆论的一种认可。

《清史稿》卷四八六《文苑》之《陆继辂传》指出:"常州自张惠言、恽敬以古文名,继辂与董士锡同时并起,世遂推为阳湖派,与桐城相抗。"作为一个文学流派,其生命所在是风格特征,是共同的理论主张和相近的创作风格,是体现上述主张和风格的作品,是创作这样的作品的作家群体。

常州画派,亦称"毗陵画派""武进画派",中国画流派之一。常州画派的名称,最早见诸张庚的《清朝画征录》,该书中写道:"及武进恽寿平出,凡写生家俱却步矣。近世无论江南江北,莫不家南田而户正叔,遂有常州派之目。"又说:"斟酌古今,以北宋徐崇嗣为归,一洗时习,独开生面,为写生正派。"

常州画派的创始人恽寿平和主要代表人物唐匹士,同时擅长山水和花鸟,恽南田还兼擅诗文、书法。恽寿平学习传统,继承传统,又发展了传统,创造了新的画法,以其伟大的艺术实践和成果树起了一面大旗,并在这面旗帜下聚集了一群画家,形成了一个画家群体,开创了常州画派。当时的入室弟子有马元叙、范廷镇、张伟、董瑜等人,他们学习并继承恽寿平"没骨"写生花卉画法,取得了一定的成就。

图 3-8 常州画派

常州词派也在此时期形成。常州词论始于张氏编辑的《词选》。其书成于嘉庆二年(1797 年),所选唐、宋两代词,只录 44 家,160 首。与浙派相反,多选唐、五代,少取南宋,对浙派推尊的姜夔只取 3 首、张炎仅收 1 首。虽失之太苛，但其选录的辛弃疾、张孝祥、王沂孙诸家作品尚属有现实意义之作，说明词在文学上并非小道，以印证张惠言在《词选序》里所申明的主张，抬高词的历史地位。

常州派词人对于创作，态度比较严肃。遣词精密纯正，似别有意蕴，但比较晦涩。实际上也并无十分深刻的思想内涵，与其立论尚有距离。这是他们词作的主要倾向，也是整个常州派词人的局限。常州词派对清词发展影响甚大。近代谭献、王鹏运、朱孝臧、况周颐这四大词家，也是常州词派的后劲。虽然他们创作同样走向内容狭窄的道路，境界并不恢宏，但他们的词学整理研究颇有成绩。

再说孟河医派。孟河中医是江苏医家一大流派。明末清初，费尚有弃官从医，定居常州孟河镇，开始了孟河费氏的医学事业。略晚于费氏，法征麟、法公麟兄弟在孟河行医以治伤寒出名。乾隆年间，沙晓峰、沙达周，在孟河以外科名重当时。乾嘉年间，费士源以内科闻名。丁氏以儿科见长。马氏、巢氏也已有人业医。

图 3-9　孟河医派

清道光、咸丰、同治年间，孟河名医云集，业务兴盛，经验成熟，学术思想逐渐形成，费尚有的六世孙费伯荣、费士源的孙子费兰泉、马家的马省三和马文植祖孙以及文植堂兄弟辈马日初、巢家的巢沛山等，均名震数省。百十户人家的孟河小镇有十几家中药铺，足见当时医事之盛。

孟河医家的崛起，增添了医学的活力，起到了鼓舞自强的作用，这是孟河医家作出的历史性贡献。孟河医家，最具代表性的是费、马、巢、丁四大家。

孟河四大家以其高深的学术造诣、丰富的临床经验,对祖国医学的发展作出了卓越的功绩。由他们为核心而形成的孟河医派,似一颗灿烂的明星,照耀在清代末年、民国初年的医坛上,流派所及,至今未衰。

血战常州

1863 年 12 月 15 日,李鸿章到达无锡,对进攻常州作了部署。1864 年 2 月,戈登率"常胜军"自昆山出发,经无锡攻宜兴,以截断浙江太平军北援之路。3 月 2 日,宜兴失守;8 日,溧阳守将降敌,常州南路被敌截断。

图 3-10　血战常州

4 月 11 日,淮军在肃清突入江阴、常熟、无锡境内的太平军之后,又聚集于常州外围。4 月 22 日,淮军水陆协同,攻占了常州西南的陈渡桥,太平军通金坛、丹阳之路均被切断。23 日,常州城外的要点尽失,太平军全部退入城内。27 日,大南门、小南门和北门城墙被淮军轰塌数处,太平军顽强抵抗,多次击退敌之冲锋。后淮军在城壕外构筑长墙,移近炮位,并在晚间于护城河上偷架浮桥。5 月 10 日,淮军发起总攻,以大炮对准旧缺口猛烈轰击。至 11

日,南城、北城各被轰塌十余丈,淮军由缺口冲入。太平军与突入之敌展开激烈的巷战,淮军付出了重大代价才占领常州城。陈坤书被俘后惨遭杀害。4月25日,清军提督鲍超部陷金坛。5月13日,清军提督冯子材部陷丹阳。至此,苏南各城全部被清军攻陷。

　　常州血战之后,连李鸿章也不得不承认常州的太平军守军是"精锐所集","其凶狡实所罕见"。戈登更是惊叹"常州太平军是一支最能拼死作战的队伍"。

第
四
章

代
有
才
人
出

社会发展中,人才的作用是非常重要的,可以说决定着社会发展的兴衰和事物发展的成败。常州是"淹城文化"的发祥地,从古到今人才辈出,可谓"江山代有才人出,各领风骚数百年"。在"淹城文化"发展史上的每一个阶段,都会有历史名人对社会进行多方面的研究思考,而且都能获得一定成果,在一定程度上推进了历史的发展。

本章通过对人物生平、生活、精神等领域的描述,对人物特征和深层精神进行表达、反映。

第一节　春秋战国

季　札

季札(公元前 576 年—公元前 485 年),吴王寿梦少子,春秋时吴国著名的政治家、思想家、外交家。他是与武进县(今常州市区)最早见诸历史文字记载的古地名"延陵"同时载入史册的第一人。后人称之为德者、智者、贤者。

其祖先是周朝泰伯，建立了吴国。数代后，寿梦继承了吴国王位。他的四个儿子中，以四子季札最有德行，所以寿梦一直想传位给他。季札的兄长也认为季札的德行才干最足以继承王位，所以争相拥戴他即位。但季札不肯受位，坚持把王位让给哥哥。寿梦去世，诸樊办完父亲的丧事之后，准备让弟弟季札代替自己出任吴国国君，但季札推辞了。为使诸樊没有顾虑地继位，季札离开吴国去了延陵。

这样，诸樊才不再勉强，建议由弟弟依次接替哥哥做国君，直到最后把君位传给季札。所以诸樊死了，余祭做国君；余祭死了，余眛做国君；余眛死了，王位应当属于季札了。季札出使在外，寿梦的庶长子僚即位。诸樊的长子阖闾不服，认为国君应该由季札做，不然就该他来当。于是他派专诸刺杀僚，把王位交给季札。无奈，季札退隐于延陵山水之间，成日躬耕劳作，以表明他"让国"的坚定志节。

公元前544年（周景王元年、吴余祭四年），季札受吴王余眛派遣，出访鲁、齐、晋、卫、郑诸国。访问中，他听赏中原诸国的诗词音乐、古典乐舞，并分别给予精辟的点评。在鲁国，季札听到了蔚为大观的周乐，以深密的感受力和卓绝的见识，透析了礼乐之教的深远蕴涵以及周朝的盛衰之势，语惊四座，众人为之侧目。

之后，他又看了《象箭》舞、《南籥》舞、《大武》舞、《大夏》舞、《韶箾》舞。季札对每一只舞蹈，都能准确地说出它的名称和出处，并对它们表现的主题精神进行评述，还从舞蹈中预见到这个国家的政治走向，使鲁襄公惊佩不已。

季札观乐论国事的史实被司马迁记录于有"史家之绝唱，无韵之离骚"美誉的《史记》而流传千古。

在季札的风范中，诚信是最大亮点。在途经徐国时，他与徐国的国君一见如故，结为知己。徐君早就听说吴国铸造的剑锋利无比，见了季札的佩剑果然名不虚传。他对季札的剑赞不绝口，想要又羞于开口。季札看出了徐君的心理，只因外交重任在身，暂时不能将象征礼节与身份的佩剑相赠，心想回来时再赠给他。谁知当他完成使命返回时，徐君已去世。悲伤之余，季札来到徐君墓前凭吊，并将佩剑挂在墓边树上，永作纪念。随从对此不解，季札说："我心中早已答应把剑送给他了,怎能因他死而改变初衷呢?"从此,季子挂剑的故事流传开来,成为中国历史上有名的诚信典故。徐君墓地也被改称为"挂剑台"。

季札在延陵隐居40年,死后葬于延陵。

季札的贤名是由"尊上"成就的。司马迁赞美季札是一位"见微而知清浊"的仁德之人,具有贤者的谦恭礼让、非凡气宇和远见卓识。

在20世纪90年代出土的"上博楚简"中,已解读的《孔子诗论》、《弟子问》、《吴命》等简书都记载了有关季札的资料。在《弟子问》中,孔子称延陵季子是一位天民,佐证了季札在春秋时期的地位和名望。

伍子胥

伍子胥(? —公元前484年),春秋末期吴国大夫、军事家,名员,字子胥,本楚国(今属湖北监利)人。

伍子胥本为楚国人。性格刚强,青少年时,即好文习武,勇而多谋。周景王二十三年(公元前522年),因楚平王怀疑太子"外交诸侯,将入为乱",于是迁怒于太子太傅伍奢,将其父、兄骗到郢都杀害,伍子胥只身逃往吴国。

图4-1 伍子胥

伍子胥入吴后,知公子光有大志,乃用专诸刺杀吴王僚,夺取王位,得进用为"行人"(掌朝觐聘问之官),与谋国政。辅佐吴王阖闾修法制以任贤能,奖农商以实仓廪,治城郭以设守备。又举荐深通兵学的孙武为将,选练兵士,整军经武,使吴成为东南地区一强国。

周敬王八年(公元前512年),伍子胥提出分吴军为三部轮番击楚,待楚军疲敝,再大举进攻。此后数年间,吴军连年扰楚,迫楚军被动应战,疲于奔命,实力大为削弱。

周敬王十四年,伍子胥与孙武等佐阖闾统领大军沿淮水西进,以灵活机动的战法,终成破楚之功。找到平王的尸骨后,伍子胥"手持九节铜鞭,鞭之三百,肉烂骨折",并把衣物棺木全都销毁,连同尸骨弃于荒野。

吴王回国之后,论功行赏,立伍子胥为相国、伯嚭为太宰。于是,伍子胥便劝吴王将战略攻击目标转至越国。

吴王阖闾十九年,越王允常病死,其子勾践即位。阖闾不听伍子胥的劝说,率伯等趁越君新立之际,发兵攻越。双方在檇李(今浙江嘉兴西南)交战,结果吴军失败,阖闾也负伤身亡。其子夫差,在伍子胥的拥戴下即位为王。

夫差为报父仇,命伍子胥积极备战,企图一举消灭越国。正当吴军准备完毕即将攻越之时,越王勾践先发制人,于吴王夫差二年(公元前494年)发兵攻吴,双方水军大战于夫椒附近水上。结果越军大败,退回本国。吴军乘胜追击,攻占越都会稽(今浙江绍兴)。勾践留范蠡坚守,自率残兵5000人逃至会稽山。吴军把会稽团团围住。

会稽告急,勾践臣服。夫差不听伍子胥之言,还是允许越国求和,并下令撤军。伍子胥对此极为悲愤。于是,便有了后来勾践的卧薪尝胆。

此后,夫差对伍子胥的态度由不满逐渐发展到疏远冷落,并有了加害伍子胥之心。伯嚭又趁机诬陷伍子胥,吴王遂以私通敌国的罪名,赐伍子胥以属镂之剑,迫使其自杀。伍子胥接剑在手,叹口气说:"我今日死,明日越兵至,掘汝社稷矣。"他又对家人说:"我死后,请把我一双眼睛挖下来挂在姑苏城东门,让我有一天能看见越国大军从这门进来。"说完,他挥剑断喉而死。

公元前471年,越王勾践果然出军攻吴,由于吴军数次北进攻齐,国力损耗极大,吴军最终战败被围。吴王夫差也想求和,可勾践不答应,夫差不得不自杀,临死前,他叹口气说:"吾悔不用子胥之言,自令陷此。"(《史记·吴太伯世家》)

黄 歇

　　黄歇(公元前 314 年—公元前 238
年),楚国江夏人,原籍楚国属国黄国
(今河南省潢川县)。战国时期楚国公
室大臣,曾任楚相,是著名的政治家。
与齐国孟尝君田文、魏国信陵君魏无
忌、赵国平原君赵胜并称为"战国四公
子"。

　　黄歇少年时曾游历各地,学识渊
博。他很崇拜当时的纵横家苏秦,常以
苏秦建立的功业激励自己。数年之后,
黄歇学有所成,觉得获取功名的时机
已经成熟,就回到楚国奉事楚顷襄王。

图 4-2　黄歇

　　公元前 298 年,秦国大举出兵攻打楚国,夺下巫郡、黔中郡两郡,并于公
元前 278 年攻下楚国都城鄢郢,向东直打到竟陵(今湖北潜江)。这时的楚顷
襄王急于和秦国求和,于是于公元前 272 年派遣辩才出众的黄歇出使秦国。
黄歇晓以大义,诉说两大国龙虎相斗之利患,指出两国不如相好,以免消耗实
力,人民得以安宁,不使韩、魏两国渔翁得利。秦昭王对此极为赞许,打消攻
楚念头,并派使者与楚国结盟。

　　公元前 264 年,太子熊元即位,称为楚考烈王。任命黄歇为令尹,封
为春申君,领淮北十二县。黄歇两次入秦。从此,黄歇在楚国担任令尹二
十余年,为楚国的政权巩固和繁荣富强作出很大贡献。他主张联合韩、
魏、燕攻打秦国,后又灭鲁国,使楚国在秦将白起拔郢之后,又从弱转为
强大。

　　公元前 256 年,秦国灭掉西周国。公元前 249 年,秦国庄襄王即位,
又带兵灭掉东周国。公元前 242 年,各诸侯国担忧秦国吞并中原的势头

不能遏制,于是互相订立盟约,联合起来讨伐秦国,并让楚考烈王担任六国盟约的首脑,让春申君当权主事。六国组成合纵联军,由黄歇任命庞暖为联军主帅,六国联军曾一度攻到函谷关,秦国倾全国之兵出关应战,六国联军战败而逃。

这时,黄歇建议将楚国都城迁往寿春(今安徽寿县),并愿意献出淮北十二地而改封到江东吴国旧墟。考烈王迫于形势,于当年迁都寿春。

黄歇改封到江南后,在吴都故址大兴土木,使"故吴墟"得以重建。黄歇用大规模军事屯垦方式,组织百姓疏通吴淞江,开浚黄浦江,将其江面拓展到300米至700米,深挖至十数米,与东海的长江出海口连通,筑起了堤坝。黄浦江疏浚后,当地水系分明,泽国变成良田,经济日益发展,地位日彰,这条河千百年来造福于百姓,至今承担着航运、排洪、灌溉、渔业、旅游、调节气候的重要作用。人们为了怀念他,为他建了庙宇。春申君在江东重视农田水利工程建设,开凿疏通的港浦河渠甚多,开凿"西龙尾陵道",对今江南运河的运道加以整治,疏通加固东江、娄江、吴淞江,浙江吴兴的黄浦,江苏江阴的申港、黄田港等,也以春申君而得名。春申君开发治理江东,为吴越带去了先进的冶铁技术,制造农业生产器械,先进的纺织技术,与江南的蚕丝结合,为未来的丝绸鼎盛打下基础,使楚文化与吴越文化相融合,构成吴楚文化,为中国文化宝库增添光彩夺目的华章。

公元前238年,楚考烈王病逝。黄歇被门客李园设计陷害,一家被满门抄斩。

第二节　南北朝

萧道成

齐高帝萧道成(427—482),字绍伯,小名斗将,南朝齐国的创立者,南兰陵(武进)人。

萧道成少年时师从著名儒士雷士宗,研习《礼》及《左氏春秋》。14岁时跟随父亲南征北战,以机智勇敢屡立战功,初在地方部队中充任一个参谋,由于为人谨慎、能干,屡借战功升迁,继任建康令、辅国将军等职,曾出镇淮阴。宋明帝泰豫元年(472年)加授右卫将军,共掌军机。至宋后废帝刘昱元徽元年(473年),任中领军,四年后任兖州刺史,留驻建康,掌握了统领中央禁卫军的大权。

南朝宋明帝泰始元年(465年),宋明帝登基,朝廷内部发生权力争斗。萧道成不随波逐流,站在宋明帝一边,得到明帝嘉许,不久被升为辅国大将军。

467年,萧道成任南兖州刺史,成为镇守一方的大员。473年,明帝去世,太子即位,萧道成受遗诏参与朝内机要事务。

宋元徽二年(474年)五月十二日,江州刺史、桂阳王刘休范起兵谋反。萧道成当即被封为平南将军,率大军到达新亭,大败敌军。萧道成因立下战功威望大增,被委任为中领军、南兖州刺史,留京守卫建康。

有一年夏天,萧道成正袒胸露腹地躺在床上熟睡,后废帝刘昱闲来无事带人闯入领军府,他看到赤裸上身的萧道成肚脐孔很大,便叫人把萧道成唤醒,并要他直立着,说要用他的肚腹当箭靶。后经卫护队长王天恩劝说,刘昱这才改用假箭射了萧道成一番。萧道成忧心忡忡,他知道后废帝生性残忍,若不除掉这个乱杀无辜的小皇帝,自己不知哪天会遭枉而死。

此后,萧道成恐有不测,暗谋反刘计策,不料被泄漏出去。刘昱欲杀萧道成,萧道成越加危惧,便于昇明元年(477年)七月,令其长子萧颐率领兵马,东下京口,作为外应;萧道成的族弟镇军长史萧顺之,次子骠骑将军萧嶷,与之共谋。萧道成又密交了校尉王敬则,贿赂了卫士杨玉夫等25人,趁废帝刘昱熟睡时将其杀死。立刘準为宋顺帝。

萧道成为齐王,相继诛灭忠于宋室的大臣。479年四月,贬宋顺帝为汝阴王,自己当皇帝,改国号为"齐",史称南齐萧道成。至此,齐正式建立。

萧道成常对群臣说:"使我治天下十年,当使黄金与土同价。"为了稳固大齐基业,萧道成广开言路,许多大臣纷纷进言,如废除宋朝时的苛政细制,停止讨伐交州,减免宋朝时的苛捐杂税,限制贵族富民封略山湖侵渔百姓等。萧道成对进言的官吏予以奖赏,并下诏:二宫诸王,都不得营立屯邸,封略山湖;又下令减免百姓逋租宿债,减免市税。

齐高帝建元二年(480年),萧道成扩大清理户籍,设立校籍官,以宋元嘉二十七年(450年)版籍为准整理户籍,规范了当时人口管理混乱的局面。

萧道成特别强调节俭。一天,他去主衣库,发现库中有玉导(冠饰),便叫手下人予以击碎;又下令全面翻捡主衣库,将助长豪华奢侈之风的东西全部销毁。萧道成又要求后宫器物栏杆的装饰用铁代替铜,内殿设黄纱帐,宫人穿紫色皮履,华盖除去金花爪改用铁回钉。

萧道成戎马生涯,却饱读经书,书法水平也颇高,有"书帝中第一"之誉。他经常写一些字赐给臣下,还常与手下大臣下围棋。萧道成用这种方式与大臣联络感情,凝聚力量。

482年初,萧道成重病。三月,戎马一生的大齐开国皇帝,在登基四年后病重而逝于建康,葬于丹阳陵口泰安陵,后人称之为齐高帝,庙号"始祖"。

萧　衍

萧衍(464—549),字叔达,小字练儿。生于秣陵(今南京),原籍南兰陵(武进)。南朝大梁政权的建立者,为梁武帝,庙号高祖。

萧衍是兰陵萧氏的世家子弟,汉朝相国萧何的二十五世孙。他从19岁起出仕,于齐武帝萧赜时(483—493年间),任齐镇西咨议参军。齐明帝建武四年(497年)任雍州刺史,后任黄门侍郎。齐东昏侯永元二年(500年)四月,平西将军崔景慧举兵反东昏侯萧宝卷,萧衍之兄萧懿时为豫州刺史,火速入援,平定叛将崔景慧。萧宝卷留萧懿在建康京城,拜为尚书令。后又恐萧懿权大生变,于同年十一月命臣子茹法珍持敕书,赐毒酒害死萧懿,并派后将军郑植,往雍州行刺萧衍。萧衍于永元三年(501年)正月起兵襄阳,十月达建康,南康王萧宝融废萧宝卷为涪陵王,自立为齐和帝。由于萧衍举兵攻打东昏侯有功,齐和帝萧宝融封萧衍为大司马。南齐中兴二年(502年),齐和帝被迫禅位于萧衍,南梁建立。萧衍在位时间长达47年,在南朝皇帝中列第一位。

　　萧衍在文学方面很有天赋。他和沈约、谢朓、王融、肖琛、范云、任防、陆倕一起游于竟陵王萧子良门下,被称为"竟陵八友"。

　　齐永明十一年(493年),齐武帝去世,皇太孙萧昭业即位,只知享乐,不理政务。掌权大臣萧鸾废杀萧昭业,拥立萧昭文,自己掌权。三个月后,萧鸾废萧昭文,自己做了皇帝,即齐明帝。

　　萧鸾在位五年后病死,他的儿子萧宝卷(东昏侯)即位。其治国无术,却很残忍,杀了很多大臣。萧衍逐渐和他对立起来,大力招兵,联合南康王萧宝融举兵攻占首都建康,拥戴萧宝融为齐和帝,因此升任大司马,掌管中外军国大事。后来,萧衍逼迫和帝禅让帝位,于502年农历四月正式建立大梁帝国。

　　萧衍做皇帝后,初期政绩非常显著。他勤于政务,不分春夏秋冬,总是五更天起床批改公文奏章,冬天时手都冻裂了。为了广泛纳谏,他听取众人意见,最大限度地用好人才。

　　萧衍的节俭是出了名的,史书上说他"一冠三年,一被二年"。他不讲究吃穿,衣服可以是洗过好几次的,吃饭也是蔬菜和豆类,而且每天只吃一顿饭,太忙的时候,就喝点粥充饥。

　　他重视对官吏的选拔任用和管理,经常训导他们要遵守为国为民之道,做到清正廉明。他的政令实行以后,梁的统治状况得到显著改善。

　　登位初期,萧衍重视儒家思想,亲自撰写《春秋答问》,解答大臣们的疑问,倡导好的学习风气。但老年的萧衍看破红尘,从尊崇儒家转向信仰佛教。527年,萧衍到同泰寺做了三天住持和尚,并下令改年号为大通。信佛之后,他不近女色,不吃荤,还要求全国效仿。还下令祭祀宗庙不准再用猪牛羊,改用蔬菜代替,大臣们反对,萧衍便允许用面捏成牛羊的形状祭祀。萧衍又几次入寺做和尚,精心研究佛教理论,且不听劝谏乱建佛寺。因疏于朝政,导致政绩下降,朝政昏暗。

　　后来,归顺的侯景以诛杀朝中弄臣朱异为借口,发动叛乱。549年三月十二日,侯景攻入建康。五月,梁武帝萧衍被活活饿死在台城,享年86岁,葬于修陵(今江苏丹阳市陵口)。

　　梁武帝是一位多才多艺、学识广博的学者。在经学方面曾撰有《周易讲疏》《春秋答问》《孔子正言》等 200 余卷。天监十一年(512 年),又制成吉、凶、军、宾、嘉五礼共 1000 余卷 8019 条,颁布施行;在史学方面,他主持编撰 600 卷的《通史》,并"躬制赞序"。他又倾注大量精力研究佛学,著有数百卷佛学著作,对道教学说也颇有研究。他把儒家的"礼"、道家的"无"和佛教的"因果报应"糅合在一起,创立了"三教同源说",在中国古代思想史上占有极其重要的地位。

梁武帝的诗赋文才也有过人之处。他的文学创作,推动了梁代文学风气的兴盛。现存诗歌 80 多首,并创制了不少颂扬佛教的歌曲。

萧　统

萧统(501—531),字德施,小字维摩,南朝梁代文学家,南兰陵(武进)人。梁武帝萧衍长子,母亲为萧衍的贵嫔丁令光,又称丁贵嫔。天监元年(502 年)十一月被立为太子,然英年早逝,未即位即于 531 年去世,谥号"昭明",故后世又称"昭明太子"。他主持编撰的《文选》又称《昭明文选》。

萧统少时即有才气,且深通礼仪,性情纯孝仁厚,喜愠不形于色。16 岁时母亲病重,他从东宫搬到母亲住处,朝夕侍疾,衣不解带。

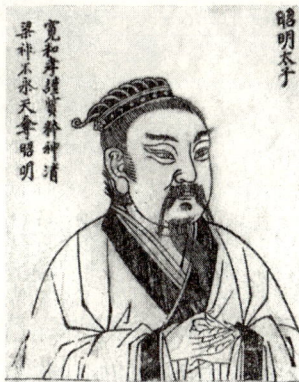

图 4-3　萧统

母亲去世后,他悲痛欲绝,饮食俱废。父亲几次下旨劝逼,才勉强进食。

梁普通年间,由于战争爆发,京城粮价大涨。萧统命令东宫人员减衣缩食,每逢雨雪天寒,把省下来的衣食拿去救济难民。他在主管军服事务时,每年要多做 3000 件衣服,冬天分发给贫民。当时世风好奢,萧统"欲以己率物,服御朴素,身衣浣衣,膳不兼肉"。

萧统酷爱读书,他喜欢"引纳才学之士,赏爱无倦",身边团结了一大批有学识的知识分子,一起"讨论坟籍,或与学士商榷古今,继以文章着述,率以为常"。他凭其太子之位,收罗古今图书3万卷,藏于东宫。《南史》本传称"于时东宫有书几三万卷,名才并集,文学之盛,晋、宋以来未之有也"。他还另建藏书楼名"文选楼",召诸名士讨论坟籍,人称"高斋十学士"。

他召集文士根据东宫藏书,择其精华,编成《文选》30卷。《文选》是我国最早的一部诗文选集,选编先秦至梁的各种文体代表作品700余篇。书分37类,选录标准是宣传道德的圣贤经书不入、以思辨为核心的诸子哲学著作不入,对于以纪事为主的史书,只略选其中颇有文学辞藻和风采的论赞部分,其余有关史事因果的描述都不选入。

萧统在文学上既注重内容,又要求形式。他认为文章应该"丽而不浮,典而不野"。经过作者的深思熟虑而又文辞华美的作品,才能被辑入《文选》。因《文选》注重文采,不少优秀诗文得以流传并保存到了今天。当然,也有些好诗文,由于缺乏《文选》所强调的骈俪、华藻而未被收入,令后来的学人颇感遗憾。

《昭明文选》对后代文学的影响很大。唐以后的文人往往把它当作学习文学的首选教材。唐代著名诗人杜甫曾要求儿子"熟读文选理",宋代陆游也提出民间有"《文选》烂,秀才半"的谚语。后人受《文选》启发,出现了不少较好的文学选本。

萧统还编著了《文集》20卷、典诰类的《正序》10卷、五言诗精华《英华集》20卷,后人辑有《昭明太子集》。萧统笃信佛教,著名的佛教大乘经典《金刚经》中"三十二分则"的编辑即为他所作。原本长篇连贯的经文,经他整理成为容易传诵理解的32个分则,各段补充了浓缩精要的副标题。

萧统性爱山水,中大通三年(531年)三月,游后池,乘船摘芙蓉,姬人荡舟,落水后被救出,伤到大腿,未及即位而卒,时年31岁。葬安宁陵。

因太子之死,梁武帝悲痛莫名,朝野上下为太子的死感到震惊,京城中男女老幼到宫门外致哀,哭声满路,四方庶民及边疆各族民众听到丧讯都很悲痛。

第三节　唐宋明

萧颖士

　　萧颖士(717—768),字茂挺,晋陵(武进)人。唐代文人、名士。

　　唐开元二十三年(735 年),19 岁的萧颖士以廷试对策第一的名次考取进士,为裴耀卿、张钧、韦述等名士所器重,名扬天下。天宝二年(743 年),萧颖士入仕途,任秘书正字。萧颖士乐闻人善,以推引后进为己任,开馆授徒,教诲弟子坚持道德与文章,名望极高,大家尊称他为"萧夫子"。萧颖士在文坛上享有盛名。文学家柳并、诗人刘太真等皆曾是他门下,李阳、李幼卿、皇甫冉、陆渭等数十人受其奖掖,成为一代名士。

图 4-4　萧颖士

　　宰相李林甫闻其才学出众,想任用他为集贤校理,于是派人去召见。其时,萧颖士寓居广陵(今扬州),母亲刚刚去世。当他戴孝赶到京都长安谒见李林甫时,李林甫见其身着孝衣,怒其不恭,立即把他骂走了。萧颖士对此异常愤恨,便作《伐樱桃赋》讥讽李林甫,李林甫因此怀恨在心。

　　萧颖士博览群书,有志于撰史传世,曾依《春秋》体例,撰写编年史百篇。当时著名史官韦述曾上书让贤,推荐萧颖士接替自己的职务。因此,萧颖士被召为史馆侍制,重返京都。不料李林甫为报之前讥讽之恨,从中作梗,萧颖士再度被免职。李林甫死后,萧颖士虽有出头之日,但只被任为河南参军事。

　　此后,他虽然在山南节度使源洧帐下任过书记,被宰相崔园赏识授予扬州功曹参军低职,但对统治者任人唯亲、嫉贤妒能有了充分认识,无心迷恋官场,后来辞去官职,专注于文学事业。

萧颖士聪慧绝伦,善于分析天下形势,为时人推崇和爱戴。天宝十四年(755年)冬,安禄山以诛杨国忠为名,在范阳(今北京市)起兵叛乱,史称"安史之乱"。"安史之乱"发生前,萧颖士通过种种迹象看出大乱将至,把自己的预见悄悄告诉了朋友,就托病漫游中岳。不久,"安史之乱"爆发。山南节度使源洧想放弃南阳退守江陵,萧颖士力主坚守。他指出,南阳是咽喉之地,不可一日不守。此意见得到采纳,保住了南阳战备要地,对后来南粮北调中原、平定"安史之乱"起到了重要作用。"安史之乱"发生后,永王李璘乘乱起兵与唐肃宗李显争夺皇位,"请"萧颖士、李白、孔巢父等名士参与起事,被萧颖士识破,他和孔巢父乘机逃脱,而李白却因参加起事而被流放夜郎。

萧颖士一生致力于散文创作,与另一著名散文家李华齐名,世称"萧李"。萧颖士是古文运动的先驱,在中国古代散文发展过程中,起到了承先启后的重要桥梁作用。萧颖士不仅是一位颇负盛名的散文作家,还是一位诗人。他著述颇丰,有《游梁新集》3卷、文集10集及大量诗歌。文集至明代已佚,诗歌传世也极少。存《萧茂挺文集》1卷,系后人根据《文苑英华》、《唐文萃》等书辑成。《全唐诗》中保留了萧颖士20多首诗作,有几篇是咏物抒怀之作,如《江有枫》、《菊荣》、《凉雨》、《有竹》等,也不乏田园诗和山水诗,如《越江秋曙》、《山庄夜作》等,倾注了诗人对家乡的无限眷恋之情。

萧颖士高才博学,工于书法,长于古籀文体。萧颖士一生刚直有节,被列入宋时"名贤榜"。他仕途多舛,晚年弃官,后客死于汝南,享年52岁,门人共谥"文元先生"。

独孤及

独孤及(725—777),唐朝散文家,字至之,河南洛阳人。

据《独孤公神道碑》介绍,他父亲曾任七品殿中侍史并兼秘书监通理;祖父官至六品蔡州长史;曾祖父官至六品左千牛备身。可见他的上三代人皆未做到显官要职,唯独孤及官位最大,做到了四品的常州刺史。

独孤及字至之,因做过常州刺史,故也称为"独孤常州",或干脆就简称

"常州"了。他的门生梁肃曾给他写过一篇《独孤公行状》，讲他七岁时父亲教他学《孝经》，他只学了一遍就能背诵全篇。父亲问他将来的志向是什么，他回答说："立身行道，扬名之义，是所尚也。"

他20岁时便有文名，陈廉、贾至、李白、高适、岑参、王季友、皇甫曾等人"见公皆色授心服，约子孙之契"，可见他在众文人心目中的分量。30岁那年，正逢唐玄宗好道家之黄老，并诏天下精研黄帝与老子学说的文士到京城对策，优者授以学官。独孤及洞晓玄经，以一篇策文高第，被授予华阴县尉。

图4-5 独孤及

逢"安史之乱"，他举家避到浙江绍兴，又深获时任江淮都统使兼户部尚书李峘的赏识，向朝挺请奏辟独孤及为其幕府中的掌书记，并授为左金吾卫兵曹参军。但独孤及并不喜欢军旅之中打打杀杀的事情，没干多久就主动撤了。"安史之乱"平息后，他曾任过一段浙江武康县的县尉，武康县境内有一座小山，传说因独孤及在山上盖了座小亭子，那山便以他的姓氏命名叫"独孤山"了。

他40岁时入长安，唐代宗封了他一个八品的左拾遗，次年又转任太常博士，专门研究往古至今政事的历史沿革与变化。因业绩不错，没多久就升任六品的礼部员外郎了。三年后再升任五品的濠州刺史（下州级别），并加朝散大夫兼检校司封郎中，受赐金鱼袋；46岁时再转任舒州刺史，时吴楚一带逢大旱，独孤及领导有方，唯舒州平安无事，故再升为四品常州刺史（中州级别）。在此任上，他干到50岁，两年后病故。

独孤及留有诗篇81首，收在《独孤及集》中，是由他的门生梁肃整理结集的，其中还包括各类文章两百余篇。他的诗，好句大都在五言古体中。

独孤及是位心灵豁达、几无私心的人，所谓"性孝友，喜鉴拔"，待人真挚，奖掖后进，是时人对他人品的评价。他的门生得到他鉴拔的很多，诸如梁肃、高参、崔元翰、陈京、唐次、齐抗、权德舆等人。他的舅父崔佑甫介绍说"公平生闻人之善,必揄扬之……后进有才而业未就者,教诲诱掖之唯日不足"云云。其门生梁肃则盛赞他"其茂学博文,不读非圣之书,非法之言不出诸口,非设教垂训之事不行于文字,而达言发辞,若山岳之峻极,江海之波澜,故天下谓之文伯"。

独孤及也是唐代古文运动的发轫者之一,对后来的韩愈、柳宗元等人有过深远启发与影响。他的文章,多以"立宪诫世,褒贤遏恶"为用,擅议论,出语澎湃如大江大河,有兴趣的读者可去翻看他的文集或《全唐文》一书,可全面了解这位身上还流着些匈奴血液的刚正之士。

谢应芳

谢应芳(1296—1392),字子兰,号龟巢,武进人。元末明初学者。

谢应芳生逢乱世,世衰道丧,以斯文为己任,崇正辟邪。从元至正初年起便隐居于武进白鹤溪,构筑小室名叫龟巢,自号"龟巢老人",乡里子弟尊称龟巢先生。常州府曾聘为教授。他对学生循循善诱,总结出一套教学法。浙江行省闻名欲聘为三衢清献书院山长,辞不就。后各地义军起,谢应芳便去苏州一带避难,几次遇险,一年搬了五次家,经常揭不开锅。后来苏州人对这位年高德劭的饱学之人逐渐有所了解,争聘为子女的老师,他靠束脩维生。

朱元璋建立明朝后,江南渐渐安定,已70多岁的谢应芳返回故乡,在武进芳茂山(横山)隐居,勤读写作,老而不倦。

谢应芳不信异端邪说,具有无神论思想,把佛道方术与世俗迷信统统叫作"异端邪说",一律不信。不仅如此,他还著《辨惑论》一书,从死生、疾疠、鬼神、祭祀、淫祀、妖怪、巫觋、卜筮、治丧、择葬、相法、禄命、方位、时日、异端等15个方面对一切"异端邪说"逐个进行澄清、剖析,以证其伪。

谢应芳主张简葬的风俗。他曾作诗嘱咐儿子:"要学刘伶死便埋,随行负锸欠舆台。"临死,还在《示二子》诗中谆谆告诫:"人之有生必有死,养生送死理宜然。一从杨墨至聃释,异端邪说多乖衍。我生赖以读书力,破浪帆我中流船。苍头荷锸日随我,死即埋我横山前……"

谢应芳80岁时,不顾羸弱,应郡守的邀请,主持了《续毗陵志》的编撰工作。有人解释，谢应芳一生无官无职，活到了 96 岁，老人家高寿的秘密就是"笑着生活"。明天顺年间，赐谥"文清"。

谢应芳一生好学，以读书为乐，"我生无他长，耽书竟成癖"。他学识渊博，有"大雅才，胸藏经史库"。他一生著述颇丰，著有《辨惑编》《思贤录》《龟巢稿》《怀古录》《毗陵续志》《龟巢诗文钞》《龟巢词》等，存诗将近两千首。这些作品反映了谢应芳丰富的思想。他不仅有笃志卫道、发扬理学精神的一面，也有超然隐逸的思想。

谢应芳最著名的著作是《辨惑编》。主要内容是反佛、道，是理学理论的精华所在、中国古代朴素唯物主义的重要著作，在明初有极大影响。后世论及元明之际，无论是思想史还是哲学史，《辨惑编》是必提之作。

最能反映谢应芳的学养和思想的是《武阳志余》卷十儒林类中记载的一些轶事。他在苏州一带避难时，请求官府黜退吴江三高祠（纪念战国时期越国范蠡、晋代张翰、唐代陆龟蒙）中的范蠡，改祀泰伯、仲雍、季札；而要求修葺三国东吴丞相顾雍的墓茔。在故乡则显扬武进林庄邹忠公浩墓，去掉学宫中的土地祠。他主张禁止民间办丧事时做佛事等迷信活动，还上书陈述开荒等五件事，请求减少水脚之征，事事有利民生民风。

陈　济

陈济（1363—1424），字伯载，武进人，明朝史学家。以布衣召为《永乐大典》都总裁。

陈济于洪武十八年（1385 年）拜同乡大儒谢应芳为师，学业更为精进。陈济自幼博学强记，读书过目能诵，大家都佩服不已，连后来的明成祖也对陈济的满腹珠玑大加赞叹，称他为"两脚书橱"。

永乐元年（1403 年），明成祖诏修《文献大成》（后改称《永乐大典》），朝廷以布衣召陈济

图 4-6　陈济

担任都总裁。翻秘库书达数百万卷,浩无端倪。经与姚广孝、解缙等人商议,陈济主持制定编辑体例,决定按韵目分列单字,又按单字依次辑入与此字相联系的各项文献记载,并起草凡例,规定分工写作方法,并组织了文人学士2000余人参与编写。

在他精心安排下,全书的体例制定得秩然有法,十分得体,数千纂修者在浩瀚书海中翻阅抄写,进行得井井有条、有规可循。修纂人员在工作中遇有疑难都向陈济求教,陈济均能立即为之条辨缕析、释疑解难,还能为之钩玄探微,考证鉴核,广征博引,没有人不佩服他的学富五车、才高八斗。

经过两年多的辛勤工作,《永乐大典》初稿完成。明成祖审阅后表示满意,并亲自撰写了序言,又在全国罗致了一大批书法家和画师,对全书清抄、绘图和装帧,永乐六年(1408年),《永乐大典》编纂完成。这样一部篇幅浩瀚的巨著,在如此短暂的时间内完成,与陈济的辛勤努力分不开。作为此书的主纂,其功劳是不可磨灭的。

《永乐大典》是中国最早、最大的一部大型百科全书,收录、汇集了上自先秦下到明初中国古代重要的文献资料七八千种,内容包罗万象,文学、艺术、地理、历史、宗教、哲学、医药、工技、农艺等等,应有尽有。全书总辑成22937卷,凡例、目录60卷,共计3亿7千余万字,装订成11095册。从成书的时间来说,它比法国狄德罗、达兰贝主编的百科全书和《大英百科全书》早三百多年。规模之庞大、内容之浩繁,在世界文化史上绝无仅有。

书成,陈济被授予左春坊右赞善,此为太子僚属,掌侍从翊赞,相当于谏议大夫。陈济居辅导之职15年,随事敷奏,多所裨益。五个皇子皇孙俱从其学四书五经。

陈济任职谨慎无过,帝甚礼重之,凡稽古纂集之事,皆交其处置。虽居高官多年,生活却很朴素,住简陋的苇墙草屋,说只要能避风雨就可。年少时喜欢喝酒,并因此误过事,母亲让其戒之,即终其身未尝至醉。弟弟陈洽为兵部尚书,对待长兄如父亲一般尊敬。

他学问渊博,一生好学不倦,晚年仍每天端坐桌旁,手不释卷地写文著书。平生著述有《书传补注》《书传通证》《诗传通证》《元史举要》《通鉴纲目集览正误》、《赞善文集》、《思斋集》等。

永乐二十二年(1424 年),陈济中风卒于寓舍,享年 61 岁。

唐荆川

唐荆川(1507—1560),原名唐顺之,字应德、义修,因爱好荆溪山川,故号荆川。武进人,抗倭民族英雄,"嘉靖三大家"、"明六大家"之一。

明嘉靖八年(1529 年),唐荆川 23 岁,中进士,礼部会试第一。主持殿试的首席考官、内阁大学士杨一清读了他的会试文章后,非常赞赏,让他把殿试对策的底稿交出来。使者一夜到唐荆川住处索取五次,均遭到拒绝。同去赴试的乡友们劝他不要拒绝送上门来的状元,荆川正色说:"年轻人对自己要严格。为了一个状元,叫我拜恩师门,将来怎么可以自立?"最后荆川得中二甲第一名传胪。唐荆川错失状元之事传为佳话。

1533 年,唐荆川被调入翰林院任编修,参校累朝《实录》,因为不肯依附当年赏识他的主考官、掌握宰相大权的张璁,以生病为由,请假回家。1539 年二月,宰相张璁死,朝廷为选用太子宫僚,起用唐荆川任翰林院编修兼右青坊(太子宫)右司谏,这次做官时间仅一年多。1540 年,崇奉道教的嘉靖皇帝为祈求长生,日夜在斋宫炼丹决事,不上朝,而太子东宫的朝仪未定,太子属官唐荆川联合同僚罗洪先、赵时春三人联名上疏,请求于明年元旦朝会时,让皇太子出御文华殿受群臣朝贺。嘉靖帝曾多次称病不上朝,也忌讳让太子临朝,见了唐荆川等三人的《定国本疏》,勃然大怒,下诏将三人削职为民。

唐荆川回乡后,先住在宜兴山中,后迁居更僻远的陈渡庄,闭门读书 20 年,于学无所不精。嘉靖初年,与王慎中同为当代古文运动代表,世称"王唐",又曰"晋江王、毗陵唐"。后又与归有光、王慎中三人合称为"嘉靖三大家"。后人把王、唐、归三人与宋谦、王守仁、方孝孺共称为"明六大家"。郑振铎先生在《中国文学史》中说"唐宋八大家之说盖始于唐顺之"。可见他在文学史上是有影响的人物。

唐荆川学识渊博,对天文、地理、数学、历法、兵法及乐律皆有研究。他一方面多推崇三代、两汉的文学传统，同时肯定唐宋文学的继承和发展。他的文章文风简雅清深，间用口语，不受形式束缚。唐荆川不但是有名的文学家，也是著名的抗倭英雄。他刀枪骑射，无不娴熟。抗倭名将戚继光、俞大猷等都曾向他学过枪法和常州南拳。

1553年，倭寇在浙江、江苏等地抢掠了几十个城市。当时明朝南北寇虏交侵，武才奇缺，唐荆川51岁时被朝廷重新起用，任右佥都御史、兵部主事及凤阳巡抚等职。他制定了整顿军队的方案，主张在海上截击倭寇兵船，不让倭寇登陆，以免同胞的生命财产蒙受巨大损失。但那时将校兵卒都怕海战，于是他决定亲自下海体验海上生活，从江苏的江阴乘船驶向蛟门大洋，一昼夜走了六七百里。

唐荆川亲督海师狙击倭寇，屡建奇功。因多年在海船上奔波，不幸染病，于嘉靖三十九年四月初一(1560年4月25日)病逝在船上，终年53岁。

唐荆川著有《荆川先生文集》17卷。辑有《文编》64卷，集取由周迄宋之文，分体编列，其中选录了大量唐宋文章。其他著作还有《右编》、《史纂左编》、《两汉解疑》、《武编》、《南北奉使集》、《荆川稗编》等。近代林纾辑有《唐荆川集》，为较通行的唐荆川选集。

孙慎行

孙慎行(1565—1636)，字闻斯，号淇澳，武进人。孙慎行自幼受外祖父唐顺之的影响，酷爱读书。

明万历二十二年(1594年)，孙慎行中举，次年摘取殿试探花，任翰林院编修。累官至礼部侍郎，一度代理尚书。

他曾几次请假归里，精研理学。韩敬科场事发，孙慎行主张罢黜韩敬，遭到韩敬同党的攻击，于是辞官回武进，在县城双桂坊置宅。明熹宗继位，召回孙慎行，拜为礼部尚书。

1620年七月，万历帝去世，八月朱常洛即位。不久新皇帝患痢疾，方从哲推荐的医官李可灼进红丸两粒，岂料在位仅29天的皇帝服后突亡，此即"红丸案"，为明朝三大案件之一。

从天启二年（1622年）四月起，孙慎行三次上书请求严惩"红丸案"首恶李可灼、方从哲罪，在朝廷内外引起大争辩。最后李可灼下狱戍边，对方从哲却搁置不问。孙慎行上疏无效，就以病辞官，一度讲学于东林书院。

1626年起，宦官魏忠贤当权，组织纂修《三朝要典》一书，为"红丸案"翻案，将孙慎行定为罪魁祸首。次年七月，皇帝下诏革除其官籍，夺去其官阶封号，被遣戍宁夏。八月天启帝去世，崇祯帝登基，铲除阉党，魏忠贤自杀，孙慎行得以免罪，拜为礼部尚书（从一品官）。

崇祯八年（1635年），朝臣推荐他为内阁大臣，崇祯立即下令征召。次年，孙慎行抱病入京，未及上任便逝世，享年71岁。赠太子太保，谥"文介"。

关于理气性命范畴，孙慎行认为，"天理之流行即气数，元无二也"。一气之流行往来，必有过、有不及，故寒暑不能不错杂，治乱不能不循环。人们"以人世畔援歆羡之心，当死生得丧之际，无可奈何而归之运命，宁有可齐之理"？但天唯福善祸淫，因为天全是一段至善，一息如此，终古如此。不然就生理灭息了。这就是万有不齐中的一点真主宰。这又是所谓的"齐"。

他反对将性与气质对立起来的说法，指出："性善气质亦善，以粪麦喻之，生意是性，生意默默流行，便是气；生意显然成象，便是质。如何将一粒分作两项，曰性好，气质不好？盖气禀实有不齐，生而愚知清浊，较然分途，如何说得气质皆善？然极愚极浊之人，未尝不知爱亲敬长。此继善之体，不以愚浊而不存，则气质之非不善可知。"（《明儒学案》）

他也反对将人心、道心分裂开来的观点，提出："人心道心，非有两项心也。人之为人者，心；心之为心者，道。人心之中，只有这一些理义之道心，非道心之外，别有一种形气之人心也。盖后人既有气质之性，遂以发于气质者为形气之心，以为心之所具者，此些知觉，以理义实之，而后谓之道心。故须穷天地万物之理，不可纯是己之心也。若然则人生本来祗有知觉，更无理义，只有人心更无道心，即不然亦是两心夹杂而生也。"（《明儒学案》）

孙慎行著有《困思抄》、《玄晏斋集》、《明四大家文选》等多种文集。今其后裔仍保存其手迹《栀子花记》。

《明史》对他的评价很高，誉为"天下奇才"。明末清初经学家、史学家黄宗羲评价他："三者之说，天下浸淫久矣，得先生而云雾为之一开，真有功于孟子者也。"(《明儒学案》)

第四节　清　代

恽南田

恽南田(1633—1690)，名格，字惟大，后改字寿平，号南田。武进人。明末清初著名书画家。开创了没骨花卉画的独特画风，常州画派的开山祖师。

恽南田的伯父恽向是一位名画家，南田从小跟伯父学诗文绘画。11岁时随父亲在福州、广州参加武装抗清运动。1654年前后，父子返回老家。

此后，他开始画山水。在他的居室旁边，有

图 4-7　恽南田

一个用竹篱围着的小园，名叫"南田"。园内长着一株古柏、几丛幽篁、几畦瓜果菜蔬和一些寻常花草。他即以"南田"为号。

恽南田习画，初学山水，专摩古派。后以北宋著名画家徐崇嗣的没骨画为本，专工花卉，尤其以没骨花见长。

南田的没骨花卉是根据徐崇嗣的特点加以发挥的，而"没骨画"技法为南田独创。清代画家方薰在《山静居画论》中说："恽氏点花，粉笔带脂，点后复加以染笔足之。点染同用，前人未传此法，是其独创。如菊花、凤仙、山茶诸花，脂丹皆从瓣头染入，亦与世人画法异。"

南田不仅认真研究以前名家的画作，还与同时代的王翚、唐荧切磋交流。他认为，前人的技法并不尽善尽美，不能一成不变地照搬沿用，必须"参之造

化,以为损"。即以大自然为源泉,创造出前人所未有的新技法。作画师造化才是正宗,这是南田一个非常鲜明的观点,也是他全部绘画思想的一个根本立脚点。

画家笔下的花卉不单要传韵,还要摄情,要把描绘的对象人格化。南田说:"笔墨本无情,不可使运笔墨者无情;作画在摄情,不可使鉴画者不生情。"南田的用笔是以秀逸见称的,但是他的笔虽秀而不纤弱,骨子里蕴涵着极劲健的力量,即使是细如发丝的叶筋草稍、蜂蝶须足,都坚如钢丝。

南田在没骨画方面开辟的新途径,对明末清初画坛上的花卉画"有起衰之功"而被尊为"写生派",与王时敏、王鉴、王翚、王原祁、吴历齐名,称为"清初六大家"或称"四王吴恽"。他赢得了众多的追随者,影响波及大江南北,历经康熙、雍正、乾隆三朝,从而有"近日无论江南江北,莫不家家南田,户户正叔,遂有'常州派'之目"。由南田开创的"常州画派"或称"恽氏画派",在花鸟发展史上占有重要的地位,在中国美术史上也拥有重要的篇幅。今有多幅南田真迹为北京故宫博物院、武进博物馆珍藏。

恽南田不仅是位杰出的画家,其书法也颇具功力,其书格闲雅隽秀,笔法清劲圆润。他还是一位诗人,诗格清古宕逸。他的画幅上恰当地配以诗、书,被称誉"南田三绝"。此外,他还著有《南田诗草》、《寿平尺牍》等书。

南田先生的晚年极其凄凉,老来得子,大儿子溺亡于水沟中,二儿子因天花夭折。为了偿还葬父所欠债务,他拼命地画画,以致抱病。

1690年,恽南田返回武进,4月26日卒于白云渡瓯香馆,终年57岁。当时他的儿子只有五岁,生前好友王翚等人出资代为料理后事。

庄存与

庄存与(1719—1788),字方耕,号养恬。武进人。著名经学家,"常州学派"创始人。

乾隆十年(1745年)一月,庄存与中乙丑科一甲第二名进士(榜眼),时年27岁,授编修。进入翰林院庶吉士馆,屡迁内阁学士,擢礼部侍郎。

1752年，庄存与升侍讲，入直南书房，成为清高宗的文学侍从。乾隆二十一年，督直隶学政，擢礼部侍郎、左侍郎，任湖南、直隶、山东、河南学政，充湖北、浙江、乡试正副考官。

庄存与性格耿直清廉，在浙江督考时，巡抚送他金子他不接受，巡抚送了他一个二品官员（侍郎是二品）的顶戴，他接受了。等到了路上，随从告诉他："那帽子顶上的可是真珊瑚，可值一千两金子。"庄存与大怒，说："你为什么不早说？"于是，奔驰千余里将帽子归还。

图4-8　庄存与

1759年，庄存与对包括《春秋》在内的五经都有论说。乾隆三十三年，庄存与为清高宗识拔，入直上书房，教授皇十一子永理。庄存与早出晚归，忠于职守，是一位很称职的宫廷教师。

庄存与一生钻研经学。从幼年就学习，特别是初入翰林院散馆时，因名列二等，"不甚当院意"，谕旨其"闭户读书，留心经学"。于是，又留馆三年，决心认真刻苦地研读经书，结果"所进经义，宏深雅健，穿穴理窟"，甚受乾隆赞赏，命入南书房行走。

庄存与发现了由颜习斋剔抉而出的今文经学派中的精华，开始把自己的学术研究转向《公羊传》。他抛却今、古文的界限，在学术上混淆今、古文的学统，不斤斤计较汉、宋之分，以今文经学为主线，掺杂古文经学派的合理内核，写成《公羊正辞》，终自成一说。

1774年，庄存与出任《四库全书》总阅官，总理全书的审阅工作，为这部中国历史上规模最大的丛书的编纂和整理作出了重要贡献。其代表作有《春秋正辞》、《周官记》等。《春秋正辞》是常州学派的第一部著作。1784年，庄存与官至礼部左侍郎。次年又偕礼部尚书德保重辑《律吕正义》。同年，乾隆帝举行"千叟宴"，庄存与以67岁高龄应邀入席，"被赐以诗杖"，可谓"稽古之荣，于兄（存与）已至"。1786年，乾隆以庄存与"年力就衰，难以供职"，令其"以原品休致"。1788年，庄存与"无疾卒于里第"，年69。

庄存与一生淡泊,虽饱学多识,却一直不求闻达。后来,他的外孙刘逢禄、侄子庄述祖、外甥宋翔凤继承了他的学说,形成了清代今文经学派。庄存与的整体经学观被视为"公羊学",包括他关于《周易》、《周礼》、《春秋》的一系列学说。庄存与的著述丰富,于六经皆有撰述。庄存与在宫廷讲解经书时,不断整理讲章和自己的经学著述,生前都未刊刻。在他去世多年后,族人与后学刊成《味经斋遗书》,收入其多种经学著述。

龚自珍说:"庄存与以学术自任,开天下古今之故,百年一人而已。"梁启超说:"今文学启蒙大师,则武进庄存与也。"

赵　翼

赵翼(1727—1814),字云崧,一字耘崧,号瓯北,又号裘萼,晚号三半老人,武进人。清代文学家、史学家。

赵翼15岁时,父亲去世。乾隆十四年,他因生活无着,只好北上浪迹天涯。他先在天津谋生,后经亲戚推荐到北京刑部尚书兼翰林院掌院学士刘统勋府上,纂修《国朝宫史》36卷。翌年秋,他参加顺天府乡试,中第21名举人。

1756年,赵翼入直军机处秘书,负责公文撰写。1761年,赵翼第六次参加会试中进士。他参加殿试时,在"策论"中提出的"裕民之计"深得众主考官叹服,中了探花。此后,他先任授翰林院编修,担任方略馆纂修官撰文,修《通鉴辑览》,记名以备用为道员知府。

图4-9　赵翼

1765年,赵翼出任顺天武举主考官,到冬天,出任广西镇安知府,制定了各种利民措施,百姓感激涕零。乾隆三十五年,赵翼调守广州知府,获海盗108人,按律皆当死,他区别对待,只杀了头领,其余大多流放边陲。次年,赵翼任贵西兵备道道员,查处两铅厂谋私利造成亏空的大小官员。改任贵西道经历,他又除掉了短缺工资运费的多种弊端。

1772年,上司知道他在云南参与过缅甸之役的军务,略次建功之际,在广

州平海盗处理的谳大狱旧案事发,赵翼受弹劾被降级。乾隆三十八年,他以老母年事高、需留养视膳之名,告假回乡。赵翼回武进后,除孝顺老母外,专心致志做学问。

1780年5月,他取道山东赴京,行至台儿庄,忽患风疾,只好掉头南归。从此开始了长达三十余年的归隐生涯。

1784年,应两淮鹾使全公德之邀,任扬州安定书院主讲席。在书院讲学,颇受学生尊崇。乾隆五十三年,已过花甲之年的赵翼再主安定书院,他注重师德,身教重于言教,三更灯火五更鸡,笔耕不辍,教学之余完成了《陔余丛考》共43卷,分经义、史学、掌故、艺文等14类。

《廿二史札记》是赵翼的史学著作。因把《旧唐书》、《旧五代史》罗织在内,实际为廿四史。它的特点是:其综述史实,归纳要义,可为初学者读史门径;而其评论史书和史实,也多持论平和,不蹈袭前人。他披阅廿四史达3200卷,加上正文和夹注中引用的稗史笔记4000多种,工作量浩瀚,从四十多岁动笔,到嘉庆元年(1796年)成书,已是七旬老翁。

《廿二史札记》堪称乾嘉朴学时代创造性思维的出色成果,与王鸣盛《十七史商榷》、钱大昕《二十二史考异》合称三大史学名著。梁启超称赞赵翼"用归纳法比较研究,以观盛衰治乱之原"。

赵翼著有诗集53卷及《瓯北诗话》。《瓯北诗话》存诗4800多首。另外,造语浅近流畅也是一大优点。赵翼与袁枚、张问陶合称"清代性灵派三大家",留下了"李杜诗篇万口传,至今已觉不新鲜。江山代有才人出,各领风骚数百年"脍炙人口的诗句。

赵翼写诗是高手,论诗也是强项。在《论诗》中,他主张写诗要独具慧眼,陈言务去,拾人牙慧最没有出息。这种观点符合时代潮流,是针对因循守旧习惯势力的无情挑战。

1810年,赵翼重赴鹿鸣宴,赐三品冠服。嘉庆十九年四月十七日(1814年6月5日),这位著名的学者兼诗人与世长辞,享年87岁,安葬在阳湖县马迹山桃花坞。

恽　敬

恽敬(1757—1817),字子居,号简堂,武进人。清散文家,阳湖文派的创始人。

清乾隆四十八年(1783 年),恽敬中举人,曾任咸安宫官学教习。38 岁离开京城,历任江山、平阳、新喻、瑞金等地知县以及南昌、吴城等府同知。恽敬有乃父为人好善而嫉恶之作风,无论上司褒贬,或他人谤议,都泰然处之。在瑞金任上,有人以千金贿赂以求脱罪,被峻拒。嘉庆十九年(1814 年),因被人诬告下属诈财失察而罢官。

图 4 - 10　恽敬

恽敬精通经史,他的《三代因革论》是"融通古今、通达治体"的大文,也是改革的文章。他吸收夏、商、周三代变革这一公羊学的观念,以三代圣贤推行的政治改革为依据,阐明"必须依据时代的变迁而改革"的道理。他以古文形式阐述了带有变革意识的儒家经世思想,标志着常州今文经学的形成,他经世变法的主张也成为以后龚自珍、魏源和康有为推陈出新实行改革的先导。

恽敬的文章,笔力雄劲,文气刚健。嘉庆、道光以后,中国文坛上有"姚、恽派分"之说,"姚"就是姚鼐,"恽"就是恽敬。姚鼐是桐城派的宗师,比恽敬大 25 岁。恽敬入世之时,姚鼐已文名满天下了。因此,如果没有引人注目的特色和成就,根本无法与姚鼐抗衡。后来,恽敬能与姚鼐齐名,是基于他的文学研究特色和非凡成就。

从文学传承来看,桐城派从唐宋八大家入手,而取径于归有光,以闲情眇状为姿媚,以纤徐摇曳为神气,得阴柔之美,使之清顺有余而精彩不足。恽敬治古文,由诸子百家入手,得力于韩非、李斯,属辞瑰伟,声情并茂,得阳刚之美。因此,恽敬不欣赏桐城派的文章,对于明末清初诸文人亦有所不满。他认为要比桐城有些枪气,比侯魏又带些袍袖气。他要于粗豪中带些学养,学养中又足于气势。醇中见肆,肆中有醇,这才是他的理想。

恽敬的哲学思想比桐城派高明,如《三代因革论》讲到井田的破坏时说:"夫法之将行也,圣人不能使之不行;法之将废也,圣人不能使之不废。"已意识到不论什么人都不能违背历史发展趋势的道理。其文推崇孔、孟之道,宣扬"性""命"之说。《三代因革论》虽言"三代之治"有因有革,又认为"伦物之纪,名实之效,等威之辨"(即封建伦理纲常与等级制度等)永世不变,与张惠言思想倾向相同。

1787年,恽敬与张惠言开创"阳湖文派"。因为二人均以古散文著称,和他们通声气、相激扬的陆继铬、董士锡、李兆洛等都是阳湖(武进)人,故世称阳湖文派。光绪元年(1875年),缪荃孙遵张之洞之嘱编《书目答问》时,在集部将阳湖派与桐城派并列,才正式立名于世。

恽敬的先祖恽向为明末清初的山水画大家,族祖恽南田为武进画派创始人,受家族熏陶,他具有鉴别古画的精湛目力,且篆草书法也颇有成就。恽敬的书法作品在全国各地博物馆都有收藏,但绘画作品却鲜见于世。著有《大云山房文稿》等。

张惠言

张惠言(1761—1802),原名一鸣,字皋文,武进人。清代词人、散文家,常州词派的宗师。

乾隆年间,时任常州知府的金云槐赏识惠言的才华,邀请他到安徽歙县岩镇故里,为弟金杲之子讲学。张惠言在金家执教期间,他结识了金榜及其好友王灼、钱鲁斯、邓石如等众多早有名望的良师益友。榜、灼、鲁斯皆桐城派刘大櫆(号海峰)门人。金榜,邃于经学,

图4-11 张惠言

尤擅长三《礼》，是惠言《仪礼》研究的业师，曾与惠言同探黄山，还在岩镇先春园的荒草败叶中"对语竟日"，是惠言由辞赋转入古文创作的主因。

1786 年，张惠言乡试中举人，但到礼部会试却名落孙山。后考授景山官学教习。1792 年，惠言在京编定《七十家赋钞》6 卷。1794 年，惠言在景山官官学教习期满，得引见后选授官职，此时传来母亲病危的消息，只得告假出京回乡。

1795 年初，为排遣胸间抑郁，惠言前往富阳探望挚友恽敬。在此期间，为恽敬代撰《富阳县修志书告》、《富阳县祭先蚕祝文》、《富阳县赛蚕祝文》等多篇文稿，并受邀编县志。翌年，恽敬调任贵州江山知县，修志事中辍。入秋，惠言第三次到歙县，与胞弟张琦，再度执教于金氏家塾。

嘉庆二年(1797 年)，张惠言所编《词选》问世。选录唐、五代、宋词 44 家116 首。他有感于浙派词的题材狭窄、内容枯寂，在《词选序》中提出"比兴寄托"的主张，强调词作应该重视内容，"意内而言外"，"意在笔先"，"缘情造端，兴于微言，以相感动"；同于"诗之比兴变风之义、骚人之歌"，"不徒雕琢曼饰而已"。张惠言的词论有超越前人朱彝尊之处，开创了常州词派。

1798 年，张惠言完成了多种礼学和易学著作，其中《周易虞氏义》和《礼仪图》最负盛名。并作《先府君行实》、《先祖妣事略》、《先妣事略》。嘉庆四年正月，太上皇乾隆崩，嘉庆帝亲政。张惠言第七次应礼部会试，终于得偿所愿，1799 年列二甲第 13 名进士。改庶吉士，先后充实录馆纂修官、武英殿协修官。1802 年，张惠言在北京去世，年 42。

张惠言其学深于易、礼，又工篆书。他一生修学立行，敦品自守。早岁治经学，工骈文辞赋。他的骈体文被收入《后八家四六文选》，而且名列前茅。后受桐城派刘大櫆弟子王灼等的影响，与同乡恽敬共治唐、宋古文，欲合骈、散文之长以自鸣，开创了"阳湖文派"。他还被尊为"明清散文八大家"之一。

张惠言为常州词派奠定了重要的理论纲领，使常州词派成为中国词坛主流。他本人的词作笔调旷远，意趣高深。词作现存 46 首，数量不多而颇有佳构，如《游黄山赋》、《赁春赋》、《邓石如篆势赋》、《送恽子居序》、《词选序》、《上阮中丞书》等，或恢宏绝丽，或温润朴健，气格颇为笃茂。

张惠言著有《墨子经说解》2卷、《握机经定本》1卷、《青囊天玉经正义》5卷、《茗柯文编》4卷、《茗柯词》1卷,传于世。

曾国藩称赞其:"学循汉儒轨辙,而虚衷研究,绝无凌驾先贤之意。文词温润,亦无考证辩驳之风。迨古之所谓大雅者欤!"

盛宣怀

盛宣怀(1844—1916),字杏荪,又字幼勖、荇生、杏生,号次沂、又号补楼、别署愚斋、晚年自号止叟。武进人。清末政治家、企业家和慈善家。

光绪五年(1879年)署天津河间兵备道。1884年赴粤办理沙面事件,同年署天津海关道。1885年任招商局督办,次年任山东登莱青兵备道道台兼东海关监督。1891年春,盛宣怀在烟台设立胶东第一广仁堂慈善机构。次年,任直隶津海关道兼直隶津海关监督。1896年任铁路公司督办,接办汉阳铁厂、大冶铁矿,奏设南洋公学于上海。1902年任正二品工部左侍郎。

图4-12 盛宣怀

盛宣怀是洋务运动的代表人物之一,是中国近代工商业的开拓者和实践者,中国第一代实业家。他主持创办了中国近代史上十多个第一:创办国内第一家近代航运企业——轮船招商局;在天津成立第一家电信企业——中国电报总局;创办第一家内河小火轮航运公司——山东内河小火轮航运公司;在上海创办第一家中国银行——中国通商银行;创办第一家钢铁联合企业——湖北煤铁开采总局,后设立全国勘矿总公司,他将汉阳铁厂、大冶铁矿、萍乡煤矿合并组成"汉冶萍煤铁厂矿有限公司",这也是当时亚洲最大的经济联合体;修建第一条南北干线铁路——京汉铁路;在天津创办第一所工科大学——北洋大学堂(今天津大学前身);在上海创办第一个正规的师范学堂——南洋公学(今上海交通大学前身);创建第一个民办图书馆——愚斋图书馆;首任中国红十字会会长,等等。作为中国近代工商业的奠基人和领袖人物,盛宣怀掌控了当时国内主要近代企业。

盛宣怀工诗文,空闲时寄情图书、金石、书画,关心乡邦文献,广为收集刊印。其编著有《常州先哲遗书》、《愚斋存稿》、《皇朝经世文续编》、《盛宣怀未刊信稿》等。

盛宣怀也是一位社会慈善活动家。在渴望实现实业救国梦想的同时,努力回报社会。1895年,在盛宣怀的奏请下,光绪帝钦准设立天津北洋西学学堂,这就是日后的北洋大学。第二年,盛宣怀在上海创办南洋公学,这是交通大学的前身。还与吕海寰、施则敬等人创设了中国红十字会。

1877—1878年,华北遭遇严重旱灾,饿殍千万,史称"丁戊奇荒"。在直隶总督李鸿章的指派下,盛宣怀在献县主持赈灾,提出"劝捐",即在民间开展募捐义赈。此后,依托上海工商界的财力、通过绅商集资和社会募捐来进行义赈,成为盛宣怀赈济灾民的主要途径。

1900—1901年,陕西暴发旱灾,酿成饥荒。盛宣怀与严信厚、施则敬等人在上海募集善款,组织义赈。1906年,苏北水灾,灾情奇重。盛宣怀同吕海寰一道主持对苏北的义赈,一方面筹措赈灾款,一方面选派义绅前往赈济,在这次救济中,盛宣怀前后捐助铜钱达1000万串。

清末,上海地区的民间募捐对历年的赈灾救济发挥了举足轻重的作用。而这些业绩,是与盛宣怀数十年积极倡导和主持义赈分不开的。

民国五年(1916年)4月27日,盛宣怀病逝于上海,享年72岁。出殡时送葬队伍从吴江路一直排到了外滩。无数民众寄托对这位大实业家、大慈善家的敬仰与追思。

李伯元

李伯元(1867—1906),名宝嘉,别号南亭亭长,武进人。晚清著名谴责小说家。

李伯元生于山东,三岁时父亲去世,由堂伯李念之抚养。当时,李念之任山东道员、东昌府知府。

1892年,李念之辞官,与伯元一家同返故乡武进。此时,坐落在北门外青山桥畔罗武坝的祖宅已在战乱中毁坏,于是在城内青果巷选择一处房屋居住。过了两年,伯父去世。

1895年甲午中日战争爆发,内忧外患。李伯元受维新变法思想影响,思图改革。1896年,30岁的李伯元放弃了对科举的追求,到上海创办《指南报》,这是中国报刊史上最早的小报。1897年,他又创办《游戏报》。这两份报纸主要刊载官场笑话、民间趣闻,与当时各报风格迥异,受到小市民和落魄文人的喜爱,开辟了中国消遣性小报的门径。李伯元的本意是借游戏之说、嘲骂之文,对贪官污吏及政治腐败现象加以揭露、讽刺和谴责,希望社会现实有所改良、变革。鲁迅曾指出他的这类小报"命意在于匡世"。

图 4-13 李伯元

1901年,李伯元将《游戏报》转让给他人,创办《世界繁华报》,该报为日报,也以暴露、嘲讽官场腐败现象为主,曾连载著名谴责小说家吴趼人的《糊涂世界》及自己撰写的描写义和团起义的连载小说《庚子国变弹词》等。

在此环境下,他开始撰写《官场现形记》,该小说由若干独立的短篇小说连缀而成,原计划写120回,后因病只写了50多回,由友人补缀至60回。所写基本上是他从亲友处收集来的实事逸闻,反映了整个官场的贪贿、欺诈等丑恶现象。由于他善于以滑稽玩世的文风贬斥时弊,所以该小说颇受读者欢迎,成为晚清四大"谴责小说"之一,在中国文学史上颇有影响。在李伯元的影响下,上海各小报纷纷蔚起,他因而被称为小报界的鼻祖。

此外,李伯元还发起创办"海上文社"等文艺团体,并出版社刊《海上文社日报》。

1903年,他应商务印书馆之聘,担任《绣像小说》主编。该刊曾连载刘鹗的小说《老残游记》,也连载李伯元自己的创作,如《文明小史》、《活地狱》、《海

天鸿雪记》、《中国现在记》、《醒世缘弹词》等。《绣像小说》也是借文艺形式针砭社会丑恶现象的刊物，图文并茂，很受读者喜爱。

李伯元这一时期的创作仍与现实密切结合，如《醒世缘弹词》宣传破除迷信、反对缠足和吸鸦片；《文明小史》反映清末在维新运动和帝国主义侵略下旧中国的形形色色，讽刺了封建知识分子对文明的误解；《海天鸿雪记》则描写青楼生活。有人评价李伯元，称他的描写在一定程度上体现了新与旧的冲突和转变。

在晚清谴责小说创作方面，李伯元是一位多产而卓有成就的作家。他痛恨社会政治的腐败，广泛运用讽刺手法，从各个不同的角度反映了清末官场的种种罪恶行径，在晚清小说史上占有重要地位。鲁迅说清末的谴责小说以"南亭亭长与我佛山人名最著"。

他创作小说的目的在于揭露时弊，洗刷污浊，改进政治，推动社会进步。这与他的社会改良主张是一致的。

他还擅长绘画，闲时用于消遣。但他的生活并不景气，常常负债。工作的繁重和生活的困顿使他患了严重的肺病。1906 年，因肺病恶化在上海逝世，年仅 39 岁。

第五节　近现代

陆尔奎

陆尔奎（1862—1935），字浦生，号炜士，武进人。教育家、学者。

同治六年（1862 年），陆尔奎出生于阳湖县新塘乡雅浦村（今属武进区雪堰镇）。他自幼聪明好学，学识广博，贯通中西。光绪十七年（1891 年）中举人，曾任北洋学堂、南洋公学教师，江西浔阳书院山长，主持广州府中学堂校务。因他思想进步，倡导维新，"融合新旧，管教有方"，两度被派往日本考察教育工作。

他回国后,先在广州创办两广游学预备科,并任教导长,选拔高才生,因材施教,成绩卓越。后为两广总督岑春煊延为幕宾,助办文案。1906 年,由蒋维乔介绍入上海商务印书馆,主持编纂法政书籍。

刚进入 20 世纪,中西文化激烈撞击,外国文化和译书大量进入中国。这些新的文化和口语一旦到了内地,大多无法被人理解。陆尔奎得出结论:"国无辞书,无文化之可言也。"1908 年,商务印书馆创设辞典部,他们先花了五年时间编了一本《新字典》,这是继《康熙字典》后的第一本新式字典,时人争相购买。

此时,陆尔奎认为中国原有的各种辞书已不能适应社会发展的需要。他主张编撰一部综合性的大型辞书,使之成为各种专门辞典的基础辞书。这一建议被商务印书馆董事长张元济所采纳,并委任陆尔奎为字典部主任,与傅运森、方毅、殷维和等一起着手编纂《辞源》。

陆尔奎和同事原计划用两年完成,后甚感工作量浩如烟海,困难渐见。随即增加编辑人员,一下子由五六人增至数十人。按中学为体、西学为用的原则,着手搜集中国历代诸子百家典籍、文人学士著作,采辑各种科学知识。他与数十位知名学者一起,在旧有的字书、韵书、类书基础上,分析探讨,确定以语词为主,兼收百科,以常见为主,力求实用,选定单字及相关词目。当时,许多外来语逐渐传入中国,人们迫切需要了解这些新内容,这又为编纂《辞源》增加了大量的翻译工作。除了成语、掌故、典章、制度、天文、地理、人名、物名、音乐、技术外,还增加了科学、民主、政治等新知识的用语。

经过 8 个寒暑的辛勤耕耘,由陆尔奎主持编纂的《辞源》数易其稿,终于从 10 万卷中采辑完成了 400 万字的第一部现代辞书《辞源》,早于《辞海》20 余年。作为阅读古籍用的工具书和古典文史研究工作的参考书,这是中国第一篇比较系统地阐述"现代化"辞书的重要意义、类型、编纂原则和方法等的辞书学文献。

接着,陆尔奎又主持编辑了深入浅出、雅俗共赏的《学生字典》,也颇受读者欢迎。《辞源》出版不久,陆尔奎因积劳成疾,双目失明,从此"不复论学"。他晚年回归故里,在女婿武进家中客寓而逝。

新中国成立以后,经毛泽东提议,《辞源》于 1958 年开始修订,并于 1964 年出版修订本第一册。1979 年至 1983 年陆续出版四卷本《辞源》修订本。修订版《辞源》显然比初版《辞源》翔实、完备得多,但陆尔奎首创编纂《辞源》的历史功绩是不可磨灭的。

吴稚晖

吴稚晖(1865—1953),名敬恒,字稚晖,笔名燃、燃料、夷,武进雪堰桥人。我国著名的语言学家和无政府主义哲学家。

1887 年,吴稚晖考中秀才。1889 年,他进入江阴南菁书院读书。他 27 岁时,参加乡试中了举人。1898 年 6 月,吴稚晖到上海南洋公学任教,推行新教育,又改名敬恒以自警,即唯"敬"与"恒"方可肩天下之重任。

1902 年 10 月,吴稚晖、蔡元培等人发起成立爱国学社,创办《苏报》鼓吹革命。后被清政府追捕,即离开上海,坐船抵达香港。1903 年 8 月,吴稚晖转赴英国。

图 4 - 14 吴稚晖

1905 年春,孙中山赴欧洲,在伦敦拜访了吴稚晖。是年夏,孙中山到日本组成中国同盟会,以实现"民族、民权、民生"三大主义为奋斗目标。是年冬,吴稚晖在伦敦加盟。1907 年,他与张静江、李石曾在巴黎组织世界社,发行《新世纪》,并组织中华印字局,广印书报,鼓吹革命。

1913 年 1 月,他担任国语读音统一会会长,提倡中国汉语的注音符号的研究,并用三个月时间,主持制定《汉语拼音表》、《注音符号》一类的通俗教材,力图国语推行的通俗化、简易化、普及化。之后,吴稚晖仍继续关注这一工作。他以自己毕生精力轶珩国音统一工作,奠定了民国时期推"语同音"的基础。

吴稚晖十分关心教育。吴稚晖于1901年春会同镇人吴宪成、钱铁生,在雪堰桥南街梢创办武进地区第一所农村小学"三等学堂"(今雪堰中心小学前身),由吴稚晖担任名誉校长。民国建立后,他发起俭学会,设立北京留法预备学校,在北平南小街创办海外补习学校,教育国民党高干子弟。到1948年,他已经83岁高龄,仍然在教课。

吴稚晖还是法国勤工俭学运动的发起人和组织者,中法大学的创办者和校长(后由其密友蔡元培接任),许多中共领导人如周恩来、蔡和森、陈延年、邓小平、聂荣臻等当年也在法国勤工俭学运动中深得其益。1915年,他与李石曾等发起勤工俭学运动,并于1919年初发起组织留法勤工俭学会;1920年至1922年间,筹建了中法里昂大学并出任校长;1925年又创办了海外补习学校,为国民党要人子弟出国留学做准备。

1953年10月30日夜11点28分。吴稚晖在中国台湾病逝,终年88岁。

吴稚晖一生十分简朴,敝衣败絮,安之若素,外出总是以步当车。他视金如土,通通用来接济别人。他身边唯一珍贵的东西,就是2万多册藏书,还有从21岁开始日积月累而成的二三十箱文稿、信件、剪报。其中重要著作有《客座谈话》、《上下古今谈》、《荒古原人史》、《二百兆平民大问题》、《注音符号作用之辨证》、《稚晖文存》等,在台湾出版的有《吴稚晖先生选集》(上、下册)、《吴敬恒选集》(共13册,分为哲学、文化教育、国音文字学、科学、政论、书信、序跋游记杂文、上下古今谈,各为1册或2册)。

1963年,联合国教科文组织第十三届大会上举荐他为"世纪伟人"。

钱名山

钱名山(1875—1944),字梦鲸,振镈,晚年又别署藏之、庸人等。武进人,著名诗人、书法家,人称江南大儒。

他19岁在南京乡试中举,光绪二十九年(1903年)中癸卯科进士。曾授刑部主事,后因服父丁忧,而不求仕进。

1909年,他对腐败无能的朝廷彻底失望,毅然弃官回乡。回武进后,他以设馆授徒的方式传续中华文脉。他在县城东门外开办书院"寄园"。

名山先生设馆 19 年,弟子遍及各省,培养了大批书画诗词方面的名家。江南才子、张大千的艺术知音谢玉岑,艺术大师、古书画鉴定家谢稚柳,国民党《中央日报》社长程沧波,画家马万里、邓春澍,诗人伍受真、王春渠、钱小山、钱仲易,还有虞逸夫、钱璱之、羊淇、羊汉、谢伯子、汪仲阳、杨维良、王道平等一批文化俊杰,均为"寄园"弟子。

民国二十六年(1937 年),抗日战争爆发,寄园毁于战火,名山先生被迫携全家避居上海。1944 年,钱名山在上海桃源村因胃溃疡辞世,享年 69 岁。归葬武进,闻听噩耗,避难内地的寄园弟子自发在重庆举行追悼会,乡贤吴稚晖主持追悼仪式。

名山先生是一位慈善家,他的博爱仁慈驰誉江南。名山先生对民众的疾苦充满同情。为了一方民众的安危,牵肠挂肚,奔走呼号,甚至不惜以老弱身躯挺身而出。1906 年,阳湖县芙蓉圩大水,田野、道路一片汪洋,其民乞食于外乡者不绝。名山先生不辞劳瘁,既赈其灾,又为之讲水利。

离常州城约百里的武进县马迹山,于 1930 年遭灾歉收,山民不饱,多斫树根,有饿毙者。名山先生专程到无锡,在公园鬻书,所得润资全部用于赈灾。赈资不够,他又约常州文艺之士卖字画参加赈灾,并到上海征集书画。他还到无锡募集面粉数百包、稻谷百余担,送至马迹,一日散毕。

1934 年,江南饥荒,溧阳最严重。名山先生赶到无锡,应红十字会之请,鬻书振宜溧之灾,得四百金。回到武进,溧阳难民至白家桥,他把四百金全部散给灾民。其后难民闻风大集,约四五千之多。邑人皆踊跃参与赈灾。先生遂于东坡舣舟亭上发给资粮,乡人传有观音大士降。

名山先生去世后,乡人私谥"贞悫先生",也有人建议作"清惠先生"。

钱名山的书法在江南一带极负盛名。他早年学颜真卿,中年后学汉隶北碑,晚年学写怀素,而得《兰亭序》之力尤深。钱氏作书不主张悬腕,认为字是靠腕力送出的,悬腕影响到力的运行,写字不能沉着痛快。康有为对名山书法称之"出我之外,当世更无与此公匹敌"。于右任称名山先生书在己之上。可见同道时贤对其推崇备至。

名山先生一生留下的诗共 1100 多首,被誉为"常州诗伯",与黄仲则、赵翼、张惠言、洪亮吉等齐名。著有《名山集》、《名山诗集》、《阳湖钱氏家集》、《名山问约》、《良心书》、《课徒草》、《文省》、《名山丛书》等。

吕思勉

吕思勉(1884—1957),字诚之,笔名驽牛。武进人,史学家。

1905 年起,开始从事文史教育和研究工作。先后在苏州东吴大学、常州府中学堂、南通国文专修科、上海私立甲种商业学校等学校任教。

1914—1919 年,先后在上海中华书局、上海商务印书馆任编辑。1919 年暑假写成《中国医籍源流考》,为一部以医籍史为纲的中国医学史。后又于国立沈阳高等师范学校、江苏省立第二师范学校、上海沪江大学、上海光华大学任教。在

图 4 - 15 吕思勉

沈阳高等师范学校任教期间,第一次发表了学术论文《致廖仲恺、朱执信论学公开信》。1921 年著有《整理旧籍之方法》、《中国古代哲学与道德的关系》、《答程鹭于书》、《勿吉考》(日文汉译)。1929—1930 年,曾在江苏省立常州中学兼课,编写《中国文化史》讲义。

1937 年 5 月,日军侵入上海,他 8 月回武进,10 月偕家眷返回上海,几度搬迁。是年,将历年撰写的部分札记整理成《燕石札记》,交商务印书馆出版。1940 年孤岛时期,先生避居沪上租界,抱着书生报国之志,撰写大量史学著作和论文,刊于租界内的抗日报刊上。作家兼报人范泉称先生为"孤岛上的斗士"。

1941 年 12 月,吕思勉除在光华大学上课外,还在沪江大学、无锡国学专修学校兼课。是年,出版著作《先秦史》。

1942 年 8 月,回常州故里,旧宅已被炸毁。1942—1943 年,在城外游击

区湖塘桥青云中学和坂上镇大刘寺辅华中学同时兼课,开设中国文化史、中国近百年史、国学概论、国文等课程。并在苏州中学常州分校兼任国文课,讲授《古文观止》。

1945 年 10 月,光华大学复校,吕思勉偕女儿至上海。抗日战争胜利,他先后撰写了《抗战的总检讨和今后的方针》、《战后中国经济的出路》、《战后中国之民食问题》、《怎样将平均地权和改良农事同时解决》等一系列文章,检讨历史,筹划未来,对战后国家之重建充满了期望。1946—1947 年间,应邀在复旦大学教授中国政治制度史,又在诚明文学院兼课。1947 年、1948 年分别出版《秦汉史》和《两晋南北朝史》。

新中国成立后,1951 年院系合并,吕思勉为华东师范大学历史系终身教授。1953 年,最后一本断代史《隋唐五代史》完稿。

1955 年,72 岁时,吕思勉身体逐渐衰弱,回武进故居养病。是年,被聘为江苏省第一届政协委员,因病请长假,未尝赴南京出席会议。

1957 年 10 月 9 日清晨,吕思勉由于校阅《隋唐五代史》过分操劳加重病情,因肺气肿和心脏病并发逝世于华东医院,终年 73 岁。

吕思勉的史学代表作品有《白话本国史》、《吕著中国通史》、以《秦汉史》为代表的四部断代史和《吕思勉读史札记》等。其中《白话本国史》是他的史学成名作,是中国历史上第一部用白话文写成的中国通史,也是中国史学界第一部有系统的新式通史,曾长期被用作大学教材和青年"自修适用"读物,对 20 世纪二三十年代的中国史坛产生了极大的影响。

吕思勉是史学界公认的书籍读得最多的学者,二十四史通读数遍,为学界同人传为美谈。吕思勉对中国史研究作出了巨大贡献,严耕望先生把吕思勉与钱穆、南北二陈(即陈寅恪、陈垣)相提并论,称为"前辈史学四大家"。

刘海粟

刘海粟(1896—1994),名槃,字季芳,号海翁。武进人,现代杰出画家、美术教育家、中国流派艺术家画派创始人之一。

刘海粟自幼酷爱书画。宣统元年（1909 年），到上海入周湘主持的背景画传习所学西洋画。1910 年在乡里办图画传习所。民国元年（1912 年），刘海粟与乌始光、张聿光等创办上海图画美术院，任院长。1918 年到北京大学讲学，并举办第一次个人画展，受到蔡元培、郭沫若的称赞。1919 年，到日本考察美术教育，并出席日本帝国美术院第一次美展开幕式，回国后创办天马会。1920 年 10 月，代表中国新艺术界，赴日本参加帝国美术院开幕大

图 4 - 16 刘海粟

典，与日本画界人士交游论艺，其油画作品备受日本画坛重视和推崇，被称为"东方艺坛的狮"。1927 年受军阀孙传芳迫害通缉，逃亡日本，朝日新闻社曾为他在东京举行画展。1929 年，遍访法国、意大利、瑞士、比利时等国考察美术，与毕加索、马蒂斯等画家交游论艺，巴黎大学教授路易·拉洛拉著文称誉他是"中国文艺复兴大师"。1930 年，比利时政府聘他任比利时独立百年纪念展览会美术馆审查委员，其国画作品《九溪十八涧》获荣誉奖，并出版画册《海粟油画》。

从 1931 年到 1949 年，他大部分时间在国外举办画展及讲学。抗日战争爆发后，刘海粟在南洋群岛举办画展，将卖画收入全部寄给了中国红十字会，支援国内抗战。1938 年春应上海中华书局之邀，写成 80 万言的巨著《海粟丛书》六卷，画论精辟，被广为流传。

1952 年，刘海粟任华东艺专校长，后任南京艺术学院院长，并致力于中西绘画。刘海粟历任南京艺术学院名誉院长、教授，上海美术家协会名誉主席，中国美术家协会顾问。1957 年在上海美术馆举办"刘海粟油画国画展览会"。1981 年被意大利国家艺术学院聘任为院士，并颁赠金质奖章。英国剑桥国际传略中心授予其"杰出成就奖"。意大利欧洲学院授予其"欧洲棕榈金奖"。

刘海粟早年习油画，在 30 年代就曾进行泼墨山水的创作。50 年代以后，

刘海粟在"青绿"、"水墨浅绛"、"泼墨"基础上，融会贯通创造出大泼彩绘画。其泼墨泼彩不仅包括山水，还有花鸟，泼彩荷花成为保留题材。

1976 年以后直至 90 年代，是刘海粟绘画创作的旺盛期。刘海粟多倾向于阳刚大美审美镜像的表达，突出强调色彩的厚度和视觉冲力，强调笔法的雄健挺拔，从而形成深沉雄大、璀璨壮丽的绘画风貌，呈现出壮阔雄奇的审美效果。他大胆创新，书法线条的糅入，使他的作品更加气厚力沉，给人泼辣凝重、雍容博大之感，有着恢弘壮阔、劲拔奔放的风骨之美。

刘海粟以画名世，书法造诣亦深。行草书法尤为识者津津乐道，推崇备至。

刘海粟一生最爱黄山，一生最重要的作品也多以黄山为题材，包括速写、素描、油画、国画，总量蔚为壮观。可以说黄山是海粟艺术的源泉。从 1918 年到 1988 年 10 次登临黄岳，跨度达 70 年之久，几乎包括了刘海粟一生的艺术实践活动。他不断攀援、不断超越的品格精神，令人敬佩，引作启迪。1994 年 8 月 7 日逝世，享年 98 岁。

瞿秋白

瞿秋白（1899—1935），又名瞿双，武进人。无产阶级革命家、中共早期重要领导人之一。散文作家、文学评论家。

民国六年（1917 年）春，瞿秋白考入外交部办的俄文专修馆，学习俄文。1919 年 5 月 4 日，瞿秋白参与了五四运动，加入了李大钊、张嵩年发起的马克思主义研究会。1921 年 5 月，由张人雷介绍加入共产党，当时属俄共党组织。6 月 22 日，共产国际第三次代表大会在莫斯科举行。7 月 6 日，他在安德莱厅见到了伟大的革命导师列

图 4-17　瞿秋白

宁,并进行了简短交谈。11 月 7 日,瞿秋白出席在莫斯科第三电力劳工工厂举行的十月革命四周年纪念集会,聆听了列宁的演讲。

当年秋天,东方大学开办中国班,瞿秋白作为当时莫斯科仅有的翻译,进入该校任翻译和助教。中国班单独编一班,学生有刘少奇、罗亦农、彭述之、任弼时、柯庆施、王一飞、萧劲光等。瞿秋白讲授俄文、唯物辩证法、政治经济学,并担任政治理论课翻译。1922 年春,他正式加入中国共产党。年底,陈独秀代表中国共产党到莫斯科出席共产国际第四次代表大会,瞿秋白担任他的翻译。12 月 21 日,受陈独秀邀请,离开莫斯科启程回国工作。

为了更好地传播列宁主义,瞿秋白于 1923 年 2 月翻译了斯大林的著作《论列宁主义基础》中的《列宁主义概述》部分,4 月 22 日在《新青年》第 1 号上发表。当年夏天,瞿秋白经李大钊介绍,到上海大学担任教务长兼社会学系主任,8 月发表了《现代中国所当有的"上海大学"》,设想把上海大学办成"南方的新文化运动中心"。

瞿秋白兼管中共宣传工作,担任《新青年》季刊、中央另一机关刊物《前锋》的主编,参加编辑《向导》。年底,参与国民党第一次全国代表大会宣言草案的起草。

1924 年 1 月 20 日,中国国民党第一次全国代表大会在广州开幕,瞿秋白当选为国民党候补中央执行委员,奔波于上海与广州之间,负责处理两党合作问题。1925 年 1 月起,瞿秋白先后在中共第四、五、六次全国代表大会上,当选为中央委员、中央局委员和中央政治局委员,成为中共领袖之一。5 月30 日,"五卅惨案"发生,瞿秋白同陈独秀、蔡和森、李立三、恽代英、刘少奇等领导了爱国反帝运动。6 月 4 日,负责主编出版了中国共产党第一张日报《热血日报》。1927 年 2 月 22 日,瞿秋白参与领导上海工人第二次武装起义。4月 11 日,为毛泽东《湖南农民运动考察报告》写序。

1927 年 8 月 7 日,"八七"会议指定瞿秋白担任临时中央政治局常委,主持中央工作。他成为继陈独秀之后的中国共产党第二任最高领导人。1928年 6 月,瞿秋白主持召开"六大"。"六大"之后,瞿秋白继续留在莫斯科,担任中国共产党驻共产国际代表团团长两年时间。

1930 年 8 月 26 日，瞿秋白回到上海。9 月 24 日，他和周恩来主持召开了中共六届三中全会。会后，由瞿秋白主持中央工作。1931 年 1 月 7 日，在米夫操纵下召开的中共六届四中全会，解除了瞿秋白的中央领导职务。此后，他留在上海养病，进行文艺创作和翻译，与茅盾、鲁迅结下深厚友谊。

1934 年 2 月 5 日，瞿秋白任中华苏维埃共和国中央执委会委员、人民教育委员会委员、中华苏维埃共和国中央政府教育部部长等职。1934 年 10 月，中央红军开始长征，瞿秋白被迫留下。1935 年 2 月 24 日，他在福建长汀县被俘。6 月 18 日晨，在罗汉岭从容就义。年仅 36 岁。

李公朴

李公朴（1902—1946），原名永祥，号仆如、晋祥，武进人。伟大的爱国主义者、社会教育家。

第一次国共合作时期，李公朴投军北伐。1928 年 8 月赴美留学，边读书边打工，并在邹韬奋主编的《生活》周刊上向国内介绍美国社会情况。

1930 年 11 月，李公朴回到上海，满腔热血投入抗日救亡活动，与邹韬奋等筹办《生活日报》，在史量才支持下创办《申报》流通图书馆、

图 4-18　李公朴

《申报》业余补习学校和妇女补习学校。1934 年，他和艾思奇一起创办《读书生活》，发表了大量反对日本帝国主义侵略、抨击国民党反动派统治的文章，宣传抗日民族统一战线思想，传播马列主义基本知识，引导许多青年走上了革命道路。

1936 年，他创办读书生活出版社，出版了许多进步通俗读物，包括马克思的经典著作《资本论》。同年，全国各界救国联合会成立，李公朴被推为负责人之一，积极与东北抗日人士联系。同年 11 月，国民党当局将他与沈钧儒等

六人逮捕入狱,制造了震惊国内外的"七君子事件"。

1937年抗日战争全面爆发后,李公朴投身于抗日民主运动。1939年11月,他到达延安,组织了"抗战教学团",到晋察冀边区开展抗战教育工作,并把自己的亲身经历撰写成《华北敌后——晋察冀》,客观公正地宣传中国共产党、八路军。太平洋战争爆发后,他由北方前线转入西南大后方昆明。

1944年,李公朴加入中国民主同盟,被选为民盟云南省支部执行委员。次年当选为民盟中央执行委员和民主教育委员会副主任、全国各界救国联合会中央委员和中央常务委员。1946年初,他与陶行知共同创办"社会大学",同时主编《民主教育》月刊。

1946年2月10日,重庆各界在校场口举行庆祝政协胜利闭幕大会,李公朴担任总指挥。会上国民党特务制造了"校场口血案",李公朴等人被特务殴伤,送医院治疗,周恩来曾前往探望。同年5月,社会大学被迫停办,李公朴从重庆返回昆明,准备将北门出版社迁至上海。此时他受到国民党特务的严密监视,但他争取和平民主的决心愈加坚定。他说:"我两只脚跨出门,就不准备再跨回来!"

1946年7月11日晚,李公朴和夫人在外出归途中,于青云街大兴坡遭国民党特务暗杀。15日上午,为了纪念李公朴,在云南大学致公堂举行报告会,闻一多作了气壮山河的演讲,下午也遭杀害。这就是震惊全国的"李闻惨案"。

李公朴牺牲后,中共中央领导人毛泽东、朱德联名发表唁电:"先生尽瘁救国事业与进步文化事业,威武不屈,富贵不淫。今为和平民主而遭反动派毒手,实为全国人民之损失,抑亦为先生不朽之光荣。"在全国各地,人民群众的抗议此起彼伏,掀起了反内战、反迫害、争民主斗争的高潮。

周　璇

周璇(1920—1957),原名苏璞,乳名义官,武进人。中国最早的歌影两栖明星。

周璇民国九年(1920 年)八月一日出生于武进一户苏姓书香门第。幼年时被在任金坛县警察局局长的舅舅顾仕佳拐骗到金坛县王家,由此改名王小红。王家夫妇离异后,小红又被送给了上海的一户周姓人家,更名周小红。1931 年,入黎锦晖创办的明月歌舞团。一次,小红参演救国进步歌剧《野玫瑰》,终场时高唱主题曲《民族之光》,其中一句歌词"与敌人周旋于沙场之上"深得赞赏,黎锦晖提议把周小红改名为周璇。此后,演艺圈里人们常常喊她"璇子"。因主演歌舞《特别快车》而崭露头角,后加入新华歌舞社。

图 4-19　周璇

1934 年,她 14 岁时在上海各电台联合举办的歌星比赛中名列第二,报刊评论她是"新出现的小歌星,前程似锦",电台称誉她的嗓子"如金笛沁入人心",被誉为"金嗓子",成为当时的七大歌星之首。

1935 年,她在天一影片公司拍摄的影片《美人恩》中扮演角色。1936 年,入艺华影业公司,主演《喜临门》、《满园春色》等影片,并在新华影业公司拍摄的影片《狂欢之夜》中扮演角色。1937 年,在明星影片公司拍摄的影片《马路天使》中扮演女主角小红,成功地塑造了在旧社会受尽侮辱和损害,但对前途抱有美好理想的歌女形象,为其表演艺术的代表作。周璇因《马路天使》一举成名。周璇演绎的那个乐观、俏皮的歌女小红,和她所演唱的《天涯歌女》、《四季歌》成了几代人共同的回忆。

"八·一三"事变后,周璇参加大型话剧《保卫卢沟桥》的演出,后随上海剧艺社赴菲律宾宣传抗日救亡。1938 年,周璇任上海国华影业公司演员,主演《孟姜女》、《李三娘》、《董小宛》、《西厢记》等近 20 部影片。唱百花如锦时的端庄妩媚、夜探西厢时的落落大方、长亭哭别时的楚楚动人、行刺方士时的满腔热血,周璇塑造的一个个活生生的银幕形象受到观众的喜爱。《申报》相继报道周璇的文章有数百篇,更有很多以周璇形象作宣传的各类广告。

1941 年,《上海日报》公开刊登启事选举"电影皇后",经各界投票,周璇荣膺影后,她却婉拒了。亦歌亦影、德艺双馨,加上曲折凄凉的身世,使得周璇更加深受大众的青睐与关心。当年,周璇及其主演的《马路天使》皆荣膺"中国电影世纪奖"。

1943 年,周璇主演《渔家女》、《红楼梦》等影片。抗日战争胜利后赴香港,相继主演《长相思》、《各有千秋》、《忆江南》、《清宫秘史》等影片,并在文华影业公司摄制的影片《夜店》中扮演角色。1950 年,回上海,参加影片《和平鸽》的拍摄,因患病而未竟。

1957 年,周璇在拍戏时旧病复发,被送入精神病医院。最后,在挣扎中因脑炎而离开了人世,时年 37 岁。

周璇一生演唱了 200 多首歌曲,演出了 40 多部电影,主唱过电影主题曲和插曲 100 多首。周璇的作品被邓丽君等后来者无数次地翻唱,并出现在多部影视剧中。以她为题材或原型的影视剧、歌舞剧等文艺作品也是不胜枚举。

第五章　谈笑叙风韵

~~~~~~

　　一个故事是一段历史、一个经历，也是文化的一个因子。在中国广袤的土地上，几乎每一处名山大川，甚至一草一木都有关于它的传说、故事，成为地方文化不可或缺的重要组成部分。

　　展现人文精神内涵的民间故事、传说，反映了劳动人民的思想、感情、爱憎、向往，许多故事采用现实主义和浪漫主义相结合的手法，对这些事物加以说明和解释，使人开阔眼界，增长知识，在一定程度上起着民间舆论和导向的作用。也正是这种引力作用，使后人想了解丰富多彩、蕴藏丰厚的文化宝库，而产生探究的欲望。

第一节　神 话

圣贤遗迹舜过山

　　远古时期，舜出生在古冀州一个贫苦的家庭里。他很小就失去了母亲。他的父亲瞽叟是个瞎老头，糊里糊涂，而且脾气暴躁。后母是个十分凶悍的女人，她对舜很不好，特别是后母生下弟弟象以后，母子俩常无端地虐待舜。但舜是个德行操守都十分高尚的人，他并不记恨父亲、后母和弟弟对他的折磨。他每天除了辛勤耕作、狩猎，就是练武习文，练就了强健的体魄，积累了丰富的学识。

舜有高尚的道德修养，扶弱济贫、尊老爱幼更是远近闻名。舜少年时就以孝顺出名，30岁就被举荐到了尧那里。这让瞽叟和象十分妒忌。他俩三番五次地想置舜于死地，但舜都凭着超常的智慧，勇敢而巧妙地脱险了。不管瞽叟和象怎样对待舜，舜依然把他们当作自己的亲人去善待。舜听说有一种叫"空青"的药能够治愈眼疾，便四处寻找"空青"，想替父亲治好眼病。

尧把帝位禅让给舜，并把自己的女儿嫁给舜，又帮舜筑起了粮仓，赐给成群的牛羊。

舜帝一生为民操劳，到了晚年还坚持南巡。他70岁那年南巡时，体力渐渐有些不支。一次因雨中受寒，舜帝在途中病倒了。当地老百姓听说舜帝病了，纷纷赶来看望，送医送药上门，也劝舜帝不要南下了，就地住下也可。舜帝不肯，说江南偏远之地，有些地方至今还不懂农耕，他一定要去。将养数日后，舜帝病方初愈，便挣扎起身，与随从乘木筏从长江上游一路踏波而来。

有一天，舜到了长江下流南岸，即如今的鹤山一带，看到一段绵延起伏的山脉，便来到这座山上。但见山上山下一片荒芜。他问当地人这座山叫什么名字，大家都说这座山没有名字。舜便走进村落，问村民们是如何生存的。大家告诉他，他们靠囤积一些野果、野草种子为生。舜看到当地的百姓生活十分艰难，便决定留下来教会这里人耕地、种粮、挖井、制陶、捕鱼、狩猎，改变他们的生活。

舜来到村落告诉大家他就是虞舜，是来教大家学习农事的。开始大家都不相信。舜急得没有办法，就说那你们把牛借给我用一下，我来替你们耕种。但谁也不愿把牛借给他。有一天舜终于想出了一个办法。那天夜深人静，舜悄悄地从村寨里赶出牛来套上神耙，把山上山下统统翻耕了一遍，在山上播种了树木花草，在山下播下了粮种。舜耕种了一夜，累得在山坡上躺下来睡着了。第二天，有人发现自家的牛不见了，等把牛找到一看，只见牛鼻子上被扎出了个小孔，被戴上了牛扣子。那些板结的地面不见了，山上山下新土正散发着泥土的芳香。

这时，大家才觉得错怪了舜。舜醒来了，就向大家传授耕种与收获的知识，又教大家挖井并在山上建起了窑厂，教大家制作陶器。于是人们学会了种地，有了收获，大家又把粮食存放在陶制的器皿中。有了井，大家用陶罐从深井里打水喝，深井里的水又清又甜，改变了人们饮用地面水的习惯。舜又带着大家下湖捕鱼，到山上打猎。从此山下的人们开始过上了文明的生活。

舜一边教大家耕种、制陶，一边念念不忘在山上寻找"空青"。村民听说他要给父亲治眼病，于是一起来到山上帮他找"空青"。有一位年长者告诉他，"空青"就是石乳，五层山里有一块大石头里的"空青"最好最多。村民们还帮着舜凿开巨石，拿着陶钵取出了舜寻觅已久的"空青"。舜拿到"空青"想回家了。在与舜相处的几年里，大家对他产生了深厚的感情，这里百姓对他恋恋不舍，就问他到底是谁，叫什么名字。舜说："我真的就是舜帝。"大家说，是你来帮助我们山里人过上了好日子，改变了这座山面貌的，你就给我们这座山赐个名字吧。舜想了想说："那就叫舜耕山吧！"舜耕山自此得名。

后来叫着叫着，就叫成了"舜过山"了，一直沿袭至今。舜过山上至今还留有舜帝的巨大脚印和舜耕种时留下的耙齿痕迹。

金鸡墩内藏福运

金鸡墩在桥北西首池塘村处，是原始社会晚期的遗址，早在5000年前的新石器时代，就有游牧部落居住在此。金鸡墩原来是一个高20多米、宽50多米的土墩，现虽已废弃，但其名及富有神奇色彩的传说，至今仍在民间传播。

传说金鸡墩内潜伏着一对金鸡，十分神奇。每天天将破晓，金鸡就跳上土墩"喔喔喔"地高声啼叫。相传，凡是听到金鸡啼叫的人，当天一定能招财进宝；要是能看到金鸡的人，肯定会交大运；如果捉到金鸡的人，那么就心想事成，事事顺意，一世享受。可是，话虽这么说，却从来没有人看到过金鸡，连那鸡鸣声,也是睡在床上隐隐约约听到的。因此,一些贪心的人就整天想方设法寻找金鸡这稀世之宝,可就是无人如愿引出金鸡。而更多的人,知道金鸡是保佑地方乡亲平安富裕的神鸡,对盗宝的人处处提防。这样,慢慢地打金鸡主意的人就越来越少了。过了千百年,一对金鸡还躲藏在大土墩里。

图 5-1　金鸡墩

话说,到了某朝,当地出了一位有名的猎手,不但气壮力大,而且聪明灵活。有一次,他与邻居闲聊时,讲起了他打猎的方法。他说,打野鸡时可以用诱捕的办法,就是做些喷香美味的食饵,放在野鸡经常出没的地方,自己躲在一旁。一旦野鸡出来吃食饵,就可以用箭击倒或用网捉住野鸡。

说者无心,听者有意。有一个挑担换糖的外地小贩动起了歪主意。原来,这个小贩是江西的盗宝贼,闻名而来,一心要捉回金鸡,只是一直没有好办法,猎人的话却启发了他。于是,他准备了两只大铜盘,上面摆满了米花糖。当天晚上,换糖小贩将铜盘搁在金鸡墩前,铜盘底下垫了几块砖,用树柴文火烧着。他拿出小锣"当——当——当"不紧不慢地敲起来了。那天晚上,邻近的人只听到换糖小贩敲了半夜小锣,敲得昏天黑地,飞沙走石。第二天,人们走到金鸡墩前,只看到一副换糖担子还摆在那儿,换糖小贩早已走了。有人推测,晚上,金鸡一定受诱出来吃米花糖,而被融化的糖黏住了脚,让换糖小贩捉去啦!人们这才恍然大悟,知道出了大事了。

从此,当地的好运散了,乡亲们的日子也穷了下来。大家都希望金鸡再回来啊!又过了十多年,一天晚上,有人走过金鸡墩时,似乎又听到里面有隐约的鸡鸣声,便奔走相告。大家赶来一听,果然金鸡又回来啦!有人还在墩前一棵树上发现挂着一布条,上面写道:"小人发财如受罪,送回金鸡保平安。"原来换糖小贩盗得金鸡后,虽然发了财,可是天天提心吊胆,怕有人来盗宝,整天连觉都睡不安稳。后来身体越来越差,临死前,他让儿子一定要将金鸡送回原地,以赎罪来保佑后代。

此后,金鸡墩附近人们的生活又好起来了。人们将金鸡当作镇地之宝,每逢节日都要来祭拜,只是祭拜都是在天未亮的时候进行的。

金鸡墩后来在平整土地时铲平了,但是湖塘桥人都记得金鸡,现今还有金鸡墩菜场和金鸡路呢。

六脚神龟救奄族

相传,商汤时期,山东泰山南侧的汶泗流域有一奄(古水名,在今山东)姓的部族方国,族民素有崇龟的习俗,因而由"大龟"合文为"奄",作为国名,标志着其氏族徽神圣意象的升华:龟族即奄族。

后来,奄族因追随商纣,被周武王讨伐殷纣时灭国。族民迁移山东曲阜东部。不料数年后,奄国又因牵涉"三监"叛乱,再次被周公旦东征时赶杀,奄君遭残。族民只得拥新君徙至淮夷之地。但周朝新君成王担心奄族还存谋反之心,欲赶尽杀绝而后快,于是率兵亲征。小奄君无奈,只得再次带着族民向东南方逃避。

图5-2 神龟救奄

　　他们逃到长江边,却被滔滔江水阻拦。小奄君听得追兵杀声越来越近,急得手足无措,仰天长叹一声:"天亡吾奄耳!"说罢欲跳江自尽。此时,他随车携带的一只乌龟突然开口说道:"主公勿忧!"说罢跳下车来。这是一只怪异之龟,身长六只脚,被他人嫌弃,是小奄君自幼饲养。只见这六脚乌龟飞快爬到水边,伸长脖子喝起水来。但听得水流哗哗作响,被乌龟大口大口吸入肚中。乌龟呢,见水便长,不一会大若丈余见方。此时,六脚龟示意小奄君和族民站到它的背上。说来也怪,小奄君和族民依次往上站,却不觉得拥挤。乌龟见族人全部站上去后,嘱咐他们千万不可睁眼。

　　六脚龟一声长啸,顿时狂风大作,飞沙走石,六脚龟中间两只脚变成一对二丈长的翅膀,腾空而起,眨眼工夫便飞过江面。落在南岸后,六脚龟收回翅膀,竟向东南方飞快爬去。族民站在龟背上虽然稳当,只是听得耳边呼呼风声,也吓得都抱成一团,谁也不敢睁开眼睛。也不知过了多长时间,六脚龟爬到了江南一片沼泽荒地,终于累垮了。它停下脚步,转身看看背后是否还有追兵。当它艰难地转身向西北方一看,只有一望无际的荒芜沼泽之地,才放下心来。不料,它这一转,却再也无力动弹了,仅仅一炉香的功夫便气绝身亡,身体慢慢地陷入湿地里,凸显出一个方圆数里的龟形图案。

小奄君和族人见状,放声大哭。为纪念六脚神龟的大恩大德,小奄君即下令按地面龟形开河筑城,让神龟永远留在奄族人身边。

后来,奄城成了龟形,神龟的头尾和六只脚成了八条河浜,奄城大门设在龟口之处,朝着西北方了。

白玉双龟造淹河

相传,奄君被神龟救至江南一片荒芜沼泽之地后,依照神龟图形开河筑城。无奈此工程量大,族人在沼泽地行走十分困难,加之工具简陋,劳动效率低,所以掘河筑城进度十分缓慢。此事愁得奄君日难进食、夜不成寐。

这天晚上,奄君又愁思交加,一直苦思冥想,直至凌晨才昏昏欲睡。在睡梦中,他忽然看见神龟满身创伤,从门外走来。奄君连忙迎上前去说:"君何居?"神龟说:"勿问。君造河不力,可至我腹中掘穴,有两小龟助君。"说罢,神龟用爪扒开肚膛,顿时鲜血流淌。奄君见状,大哭而醒。次日,奄君依梦中神龟所言,在龟形地中央挖掘起来。半天工夫,挖成两个丈余深穴,见穴洞之中果然卧眠一黄一白两只小龟。奄君小心翼翼将两只小乌龟捧起。谁知这两只小乌龟见风便长,不一会便长成丈余见方,"呼"的一声钻入沼泽地里,按照龟形图案拱土造河。

两只小乌龟拱呀、堆呀,一连三天三夜,终于拱出了三条环形河,筑成了三道环形城。城河雏形完成后,两只小乌龟又恢复原形,跳进那两方深穴卧眠不动。

后来,族人便将位于子城中的两深穴叫作"金井"、"玉井"。传说,每当天空出现"七云天"的时候,金龟藏身的金井中便鼓乐声声,金光闪闪。另一口玉井(又名玉龟井)中,小白龟每隔十天生蛋一枚,蛋大如拳,晶莹剔透。蛋日积月累,不断在井底堆积,以至井内如星光闪烁,白玉生辉。据说如有人吃到此白龟蛋,吃一枚可祛疾,二枚可壮体,三枚可延年。当然,一般人难以吃到,只有积德大善之人方可享用。

这两口井一直存留 2000 多年,直至光绪年间才湮没。

曹横斩蛇传佳话

曹横与横山有着不解之缘。宋初文学家、官居内史舍人徐锴称横山:"旧名芳茂,晋时常有紫气,右将军曹横葬此,易今名。"五代时,曹横墓被盗。宋代晋陵县令潘洞在横山西麓得巨砖,上有"咸康八年(342 年)右将军散骑常侍"字迹。宋三茅山人张存有"当年不葬曹横墓,千古犹存芳茂山"的诗句。宋天圣二年进士、授枢密副使胡宿有诗曰:"此地横青嶂,当年耸紫氛。将军精爽在,可解勒移文。"

图 5-3　横山

史志上有记载,民间口头也有传说。曹横孝母、斩蛇、除妖的故事在横山地区广为流传。曹横究竟何许人也? 据传,曹横乃曹魏后裔。当年,司马炎从曹操后代曹奂手中夺得天下，继而三国归晋，一统天下，做了晋代开国皇帝。因惧怕曹家族大势众，遂将曹家子孙分散迁居各地。其中，有一支来到晋陵，定居在芳茂山南麓、二山港畔，世称曹巷。曹氏定居曹巷后，越二代，出了个曹横。曹横自幼聪颖，读书过目成诵，诸子百家，无所不通。成年后，身体魁梧，腰圆膀粗，又喜习武，弓马娴熟。青年从军，成为一名文武双全的将军。

话说晋时，芳茂山紫霞峰南麓，黄猫岭东有一条地龙蛇得紫霞峰灵气，经过多世修炼成精。此蛇精生性凶猛刁顽，常以蛇舌化为莲花，诱骗善男信女步入莲台，争相去西天成仙，结果自然有来无回，均被蛇精吞吃。

曹将军秉性刚直，疾恶如仇，得知此事后决心为民除害。几天以后，曹横用计将生石灰灌进了蛇肚，使蛇精被迫现了原形。曹横拔出佩剑，嗖地向蛇挥去。双方直斗得昏天黑地，飞沙走石。曹将军以正压邪，越战越勇，再加众军士相助，直斗得蛇精残鳞败甲落满清明山。几个回合之后，曹将军瞅准蛇精疲力竭之际，一剑向蛇砍去，但见寒光一闪，蛇血横飞，断为两截。少顷，风停尘息，众人眼前突显两个大坑，便是现今白龙观前的内、外龙潭。扬起的尘土纷纷扬扬向南而去，越过烧香浜，飘落到西崦村东，积土成墩，后称为蛇墩。

西晋末年，烽火四起，战火连年。曹横在平定赵王司马伦谋皇篡位，王弥、刘元海举兵叛乱，东海王司马越起兵谋反等战争中屡立军功，擢升至右军将军。晋成帝时敕封为散骑常侍，经常在皇帝身边参与朝政。晋咸康年间，燕王慕容遑起兵伐晋。曹横引兵迎战，亲冒矢石，奋勇杀敌，不幸血洒疆场。事后，清理战场，仅存尸身，不见头颅和双手。皇帝念其保国有功，嘉其忠诚神勇，赐以金头玉臂。亲人扶尸回到家乡，将带有金头玉臂的棺木埋葬在芳茂山西麓。盗贼风闻墓葬中有金头玉臂和其他宝物，墓遂被盗。

曹横死后，晋康帝追念曹横战功卓著，为国壮烈捐躯，恩荫其子孙世袭为官，举家迁往京都建邺。现曹巷遂无曹氏。曹巷尚存东西马槽、八角古井遗迹，还传说有尚方宝剑遗留在八角井内。

第二节　传　说

千古怨恨王女墩

在淹城外城的西侧,南北向排列着三个高大的土墩,当地人称其为头墩、肚墩和脚墩。关于这三个土墩,还有一段非常动人的故事呢。

话说奄君造成奄城后,不久,夫人生下一女。奄君遂以三道奄河为意,为女儿取名淼。公主淼自幼聪明善良,长到15岁时已出落得像出水的芙蓉,娇艳无比,是奄君夫妇的掌上明珠。公主淼勤劳善良,温柔美丽,精于蚕桑和纺纱织布,又酷爱琴棋书画,能歌善舞,是一个才貌双全的好姑娘。

在龙潭口的对岸为淹城的外城廓,过去这里长满了茂密的甘露,故古人称其为甘露城头。甘露叶阔又长,每天早晨在甘露叶片上积聚了许多露水,它像一颗颗银白色的珍珠,晶莹剔透。淹君的女儿公主淼最喜欢吃甘露叶上的露水。人们传说,公主淼因为吃了甘露叶片上的露珠,所以越长越美丽,成了古代的绝色佳丽。

邻邦留城的公子炎野心勃勃,觊觎奄城疆土,又对公主淼垂涎三尺,便勾结奄城贪财的木大夫,骗取了奄君的信任,当上奄城驸马。有一天,公子炎乘奄君外出之际,盗用公主的名义,骗得了后花园的钥匙,偷去了奄君的护城之宝白玉龟。

公子炎怀揣着白玉龟正欲逃出奄城时,恰巧碰到公主从练兵场回来。公主见状,便指责公子炎的卑劣行径,并要以军法处置。公子炎见事情败露,遂假意十分愧疚,请求公主原谅。而后,他乘公主不注意之时,拔出短剑——公子炎的铜剑穿透了公主的胸膛,善良的心灵被邪恶的无情剑刺伤。公主来不及呼唤,来不及再看一眼哺育她的水土,便倒在了血泊之中。公子炎丧心病狂地将公主淼刺死后,仓皇出逃。奄君得知消息,急速赶回奄城,在半路上截住了公子炎,一场厮杀后将白玉龟夺下。

奄君回到子城，见女儿不幸罹难，不禁痛哭流涕，悲痛欲绝，遂以白玉龟等珍宝陪同公主，厚葬于内城墙上。奄君恐怕日后有人盗窃公主墓中珍宝，便在出殡时一气筑了三个坟墩，让他人真假难分。

此后，人们怀念公主淼，每到清明时节，便前往祭奠。同时带上一掬泥土，添在公主坟上，培土植树。久而久之，公主墓堆成了三个大高墩。为方便指点，人们给这三个墩依次取名为头墩、肚墩和脚墩。

由于人们拜谒公主墓时，许愿十分灵验，后来人们就将公主淼叫成"百灵公主"了。于是，一段凄美的传说千古传播，至今仍感人肺腑。

皇家始建宝林寺

淹城当地历来有一种说法，说："先有宝林寺，后有天宁寺。"此话不假。宝林禅寺始建于南北朝（560 年左右），至今已有 1450 年历史，比"东南第一丛林"的天宁寺还要早 100 多年，原来的规模也比天宁寺大得多。

据传，宝林寺为周孝闵帝舍业始建。周孝闵帝名宇文觉（542—?），是南北朝北周的开国皇帝（557 年正月登位）。他向沐佛恩，严守戒律，崇仰佛理精髓之高超，静悟哲理思辨之深奥。当时，他的叔叔宇文恪专横跋扈，干预朝政，几位大臣劝周孝闵帝清除其党羽。不料，有人事前向宇文恪告密。于是在当年九月，宇文恪先下手废除了孝闵帝，另立宇文毓，为周明帝。传说，宇文恪一气之下"杀"了周孝闵帝，而实际上是将他赶到了南方。

自此，宇文觉清心寡欲，恬淡世情。三年后，当他游访至淹城地方时，看出此地乃一块难得的风水宝地，于是决定倾业建造修行之所。583 年，他遂断然捐献宅地 30 亩、良田百顷，以奠宝林寺创建之基。寺基选于淹城之西北二里处，呈神龟戏珠之势。

又一传说，说的是淹城内有一茅庵，当时住庵僧人无为法师，一日忽梦见观音菩萨告曰：你应建一寺院，普度众生，此乃佛祖安排，不得有误！无为惊问：建寺所需款子何来？菩萨曰：京城自有贵人相助。无为梦醒后，不敢有违，即刻动身，云游化缘。

图 5-4 宝林寺

无为抵京后,目睹张贴满城之皇榜,上写梁太后身患无名恶疾,痛不能寐,昼夜呼号,其状甚惨,众太医针药无效,一筹莫展。无为法师顿有所悟,即到后宫门外,口诵佛号,手敲木鱼,内侍见状奏报梁武帝,武帝召见于殿,询问此举何为!答曰:贫僧闻太后凤体欠佳,特备仙丹敬献,太后服下即可见神效。梁武帝闻无为所言大喜,即令内侍带至后宫,按其所言让太后服下,未及一个时辰,果然神清气爽,身体痊愈,太后喜不自禁。

梁武帝即拨库银 300 万两,皇帑 200 万两,舍家宅百余间,敕建"宝林寺",意为无为之药"保灵"。因此,后人说是梁武帝舍业始建。

孝感动天蓼莪寺

在太湖湾的群山间,竟然有着全国唯一的孝子祠,叫作蓼莪寺。蓼莪寺在雪堰镇百渎村东湾王裒岭南,寺名就来自于《诗经》,相传以晋孝子王裒得名。

王裒,字伟元,城阳营陵(今山东昌乐东南)人。祖父王修,是魏国名士。父亲王仪,高风亮节且气度优雅正直,曾担任文帝时期的司马一职。东关那场战役,皇帝问众人:"最近的事情(指战事不利),这个罪责应该由谁来承担?"王仪说:"这该是元帅的过错。"皇帝大怒说:"司马难道把罪过归在我的头上吗!"于是就把他拖出去斩首了。

图 5-5　蓼莪寺

　　王裒自小就立有良好操行，用礼来作为自己行为的准则。身高八尺四寸，容貌绝俗，声音清亮，修辞的气度典雅方正，博学而且多才多艺，悲痛死于非命的父亲，不曾朝西向而坐，用来表示自己不愿入朝廷为官。于是隐居起来教授弟子谋生，朝廷的三征七辟他都没有去应召。

　　他在坟墓旁边盖起草庐，早晚经常到坟墓那里跪拜，手扶着柏树悲伤地哭泣，眼泪滴落在树上，树都因为这样而枯萎了。他的母亲生性害怕打雷，一见打雷，都要让王裒在身旁陪伴。母亲死后，每逢打雷，他就赶到母亲墓前跪下，说："儿王裒在这里，请母亲别害怕。"他读《诗经》，只要一读到"哀哀父母，生我劬劳"，没有不痛哭流泪多次的，因此他所教授的门人就废弃不学《蓼莪》这一篇了。

　　后来洛阳倾覆（西晋王朝覆灭），盗匪像蜂一样四处都是，亲族都想渡过长江移居到江东去，王裒眷恋父母的坟墓而不肯离去。等到了盗匪横行的时候才离开，还思虑依恋着不能前进，于是就被贼人杀害了。这就是"二十四孝"中"闻雷泣墓"的故事。王裒之墓原在蓼莪寺旁，现已无处可寻。

　　蓼莪寺始建于东晋时期，明初香火还很盛，明末寺宇倾颓，只存大殿三间。有僧瑞云从阳羡（今宜兴市）至此柱锡，带领徒众采山耘田，又得当地檀越龚修吾、龚卑吾的帮助，着手修葺佛寺。清初，瑞云的弟子恒一继续带领徒众辛勤地采樵耘耔，营建佛殿。顺治九年(1652年)，他率徒众志坚、志德造弥勒殿；康熙元年(1662年)，他率徒众不虚、戒如造天王殿；以后又陆续修建大殿、斋堂等，并于康熙八年(1669年)立碑记建寺经过，重题"蓼莪禅寺"匾额。恒一、不虚死后，觉如、戒如又修建了内禅堂等，恢复了蓼莪寺的原来规模。

乾隆二十五年(1760年)、三十五年(1770年)及嘉庆十六年(1811年)，僧白峰、昇明、明彻等人又屡次修建改造。

寺左有王衮墓，旁有古松双桂为数百年的古树。该寺多有名人题咏。离井不远，有一巨大石碑，碑文依稀可辨，为清户部尚书江阴张有誉撰《蓼莪禅寺碑记》："蓼莪寺者，武进新塘乡之东偏山谷中之古刹也。前临震泽(即太湖)，后枕梅堂。湖中七十二峰拱其南，锡(即无锡)之闾山、杨山、九龙(山)绕其北，水秀山明，幽奇旷远，形胜甲于一邑。"

寺内原有明解元苏州祝允明(号枝山)手书的"无事山家"匾额一块，有清宣统二年的"重修蓼莪禅寺碑记"。

现在，蓼莪寺遗址又经修建，还有明代柱基若干，古井一口。山门上挂赵朴初先生题"蓼莪禅寺"横匾一块。

传奇故事说白龙

与大林寺毗邻而建的白龙观，又是苏南道教胜地。白龙观俗称"龙母庙"，又称"潜灵观"，位于横山桥镇的横山紫霞峰南坡黄猫岭之东，坐南朝北，为道教活动场所。这里，亭台楼阁、依山而建，山环水抱，气势非凡，候鸟云集，四季花香鸟语，真可谓人间之佳境。

宋绍兴年间(1131年)，芳茂山黄猫岭有个项家村(现名观前村)，项家村的人靠山吃山，但吃水却要到山脚的池塘去挑。有一天，项家姑娘看到池塘里有一青一白两个桃子，直往她手里钻。姑娘好生奇怪，刚拿起来，那两只桃子又一下跳到她嘴里，被吞进肚子里。过不多久这个没出嫁的黄花闺女竟然怀孕了！她的老爹气得将女儿拳打脚踢逐出门外。

图 5－6 白龙观

姑娘蒙冤受屈，走投无路来到邻近的大林寺。她见眼前有口井，井水深不见底，姑娘心想唯有这洁净的井水能洗刷自己的不白之冤。于是，她跪伏井栏圈痛哭一场，哭得天昏地暗、电闪雷鸣，直到泪尽滴血方投井自尽。奇妙的是姑娘投井不多时，远在黄猫岭的一口深井突然窜出一青一白两条龙，夹持着投井的姑娘扶摇直上，霎时消失在云海之中。雨过天晴，风平浪静。却原来姑娘吞进肚去的两只桃子是龙胎，两条小龙的使命便是保驾姑娘升天归仙。

项家姑娘的贞洁美德已化作后世风范。项家子孙为思念她，便在她投井之处依据潜灵成白龙乃建潜灵观，后改称为白龙庙，并塑 12 个一模一样的木身与龙母真身一并供奉殿内。据此，后人分别于西、东两井亭刻联为纪。两井联曰："井养飞龙神胎天赋，峰移出震圣迹地传。"东井联曰："有龙则灵一通潜水分左右，如鸟斯革两亭兀峙定东西。"又议定每年祀祭两次：春祭得桃而孕的清明日；秋祭含冤投井的八月初一日。沿袭至今成为八月初一节场。

白龙观后历经毁修。光绪四年（1878 年）又建，计 10 年告成，规模宏大，总占地面积达 3 万余平方米，乃常武城东之冠。2003 年，白龙观被列为常州市级文物保护单位，并被评为国家 AA 级旅游景点。2004 年，由白龙观自筹资金 500 余万元建造主体工程三清殿和辅助工程福寿殿、钟楼、鼓楼、日月亭等,占地 1560 平方米,2005 年 2 月 3 日落成。建成后的白龙观占地面积 6.6 万平方米。如今,这里云淡风轻,冷静而幽深。观内两棵千年古银杏高叁拾余米,三人合抱有余,枝叶茂盛,果实累累,果仁甘甜,一棵枝杆分叉还长有多枚"树参",长约 60 公分,实乃罕见。三百余年的古玉兰,树干挺拔,每逢早春,银花繁盛,香飘数里。古黄杨、古南天竹、桂花树郁郁葱葱,五棵大樱桃树每年硕果飘香,内龙潭水清见底,鱼虾遨游,远看山有色,近听水无声,又一番世外桃源之景象。

如果到横山桥去游览,还能听到更多的传说,有李兆洛中举受师训的故事、兰雪祠的传说;还能尝到特色农家菜,有横山桥百叶、横山桥肉松、芙蓉鲜螺,或许能让你流连忘返,融入这亘古的大自然之间。

高山流水传佳话

奔牛有一条小河,叫伯牙渎。一千多年前,这伯牙渎南枕运河,北入长江,河面辽阔,水源丰富。据说,"俞伯牙摔琴谢知音"的典故就发生在这里。

俞伯牙是春秋时期著名的琴家。荀子在《劝学篇》中说:"昔者匏巴鼓瑟而沉鱼出听,伯牙鼓琴而六马仰秣。"就是说匏巴弹瑟时,连水里的鱼都要越出水面倾听;伯牙弹琴时,正吃草料的马也仰首而听,高度评价了伯牙的演奏技术。

伯牙的成就来自其师成连的独特教学方法,他年轻时跟成连学琴三年,技巧已经掌握,就是达不到精妙的地步。成连称要带他去见自己的老师,就把他带到了蓬莱山,成连将伯牙留在山上,自己则乘船而归。伯牙独处山上,"近望无人,但闻海上汩没崩澌之声,山林杳冥,群鸟悲号,伯牙怆然叹曰:'先生将移我情',乃援琴而歌之"。他将听到的声音、看见的景物融入自己的情怀之中,果然韵律与心神合而为一。伯牙因此悟得琴之妙趣,遂成天下妙手。

俞伯牙在蓬莱仙岛上学到高超琴艺后,被周天子拜为司乐太师之职。他奉命编修乐谱,专程去各地采风。有一次他取道水路途经奔牛,那天正好是八月十五,明月当空,映入水中,把金秋的夜晚耀得格外美丽,顿时激发了他的琴兴。他拿起琴弹了起来,弹得正入神的时候,忽然琴上的一根弦断了,正当

图 5-7　俞伯牙摔琴谢知音

他扫兴之际,听到岸边有人拍手,伯牙说:"谁?"岸上的人回答说:"我是樵夫,被你的琴声吸引而来,你的琴弹得太感人了。"伯牙听了很高兴,请他上船畅谈。两人越谈越投机,伯牙乘兴再弹两曲,头一曲意在高山,第二曲意在流水,请其欣赏。一曲刚完,樵夫说:"巍巍乎,意在高山。"二曲弹毕,樵夫又接着说:"荡荡乎,意在流水。"将伯牙的《高山》、《流水》之弦理解得相当透彻,伯牙很激动,说:"我弹了这么长时间的琴,未遇到知音,想不到在这穷乡僻壤遇到了你。"随即问樵夫尊姓大名,樵夫答姓钟,名子期,住奔牛钟村。当时,两人结为生死至交。

　　过了若干年,俞伯牙再次路过奔牛,准备去拜访钟子期时,却得知钟子期已经去世。伯牙悲痛欲绝,感到在世上再也没有知音了,就劈琴绝弦,将琴抛入奔牛西首的河中,发誓不再弹琴。

　　后来人们把这河叫琴渎,又叫伯牙渎,河里的鱼称琴鱼,河上的小桥称伯牙桥。如今河已塞,琴鱼也已绝迹,伯牙桥仅存数块石板而已。奔牛的钟家村,相传便是钟子期的后代聚居地。

第三节　掌　故

烈帝墓葬城湾山

"八绝"烈帝陈杲仁,字世威,晋陵人。生于梁太清三年(549年)三月初五日午时。他8岁便能属文,13岁遍读诸史。陈文帝天康元年,18岁的陈杲仁被州官举秀才入京,上台对策于玉阶,出口成章,得到了满朝文武的交口称赞。陈文帝十分喜欢他,特授其为监察御史,迁江西道任巡察大使。

祯明二年,陈后主叔宝逊位于隋,陈杲仁闻讯当即罢官隐居。隋文帝杨坚知道陈杲仁是位有才学且德高望重的清官,多次想录用并提升陈杲仁,都被陈杲仁谢绝了。陈杲仁回到家乡,见连年争战的兰陵县(即武进)一片荒凉,乡亲们的生活苦不堪言,不禁悲痛欲绝,将祖传的数百亩田地变卖后救济灾民,然后闭门谢客,在家尽心侍奉后母。一次,后母生了重病,想吃牛肉调养身体,由于连年争战,街市上根本买不到肉,陈杲仁就亲手割下自己腿上的一块肉,煎汤孝敬他的后母,使后母逐渐康复。

不几年,隋炀帝杨广弑父杀兄,自立帝位。他荒淫无道,生活奢靡无度,致使百姓流离失所,各地盗贼蜂起。其时,唐高祖李渊起兵,欲灭各地贼寇和大隋,建立新朝,陈杲仁也被卷入了这场战争中。打仗时,陈杲仁自制了云车,并用云车攻下了南京城。该车高过城头,几可及云,故称云车;云车便于"临城冲击",故又称"临冲",后来,人们都称这种车为"轮车"。民间百姓为纪念陈杲仁,将云车改制成一种民间娱乐器具,这就是庙会和节庆期间常见的"捐轮车"。

隋炀帝死后,陈杲仁的丈人沈法兴占据了常州府等江南数十郡,成为江南最大的地方势力。619年,沈法兴自立为梁王,改年号为延康,建都毗陵(即武进)。沈法兴对多才能干的女婿陈杲仁十分惧怕,恐其不能为己所用反成唐高祖李渊的帮凶,遂在620年伪装有病,设宴诱他前来赴宴探望。心狠手辣的沈法兴在女婿的酒里暗放了毒药,陈杲仁不备丈人会下如此毒手,中毒身亡。

陈杲仁死后，其后人将其葬于今雪堰镇潘家南部的山丘上，墓前有石坊和享堂，享堂内塑有一尊陈杲仁的坐像，从此，人们便呼此山为"陈墓湾山"。陈杲仁生前被誉为具有"忠孝文武信义谋辩"八绝的贤臣，死后又被谥为"武烈大帝"。其妻捐献旧居改建为崇胜寺、崇胜观。其他遗迹还有迎春桥南的洗马桥，忠佑庙内的洗心池，崇法寺内的后花园旧址，陈湾山的遨筵村、陈司徒庙、陈司徒墓等。祭祀陈杲仁的庙宇主要分布于江苏常州、武进、溧阳、金坛、无锡、宜兴、苏州、常熟、南京、丹阳、丹徒、句容，以及浙江仁和、嘉兴、台州、江西南昌等地。

后来，人们嫌陈墓湾山不吉利，便简称此山为陈湾山，天长日久，"陈"字讹为"城"字，这就是城湾山的由来。1956年，陈杲仁墓地的石坊、享堂等被一并拆除，这些拆除的砖石作为筑坝材料，用以兴修当地水利，陈杲仁的坐像则被捣毁，坟墓也已平作了菜地，如今墓地只依稀可辨。

东坡游湖留地名

苏轼（1036—1101），字子瞻，号东坡居士，四川眉山人，一生11次来到武进，逝于武进城区藤花旧馆内，跟武进结下了不解之缘。

话说苏东坡到武进城区定居后，听说滆湖风光秀丽，便与好友佛印和尚相约前往滆湖游玩。他们由大运河转道南运河，直入滆湖而来。

安欢渎。到了滆湖，他们沿湖西泛舟南行，领略滆湖岸边的旖旎风光。东坡和佛印一路上谈笑风生，不觉空中突现乌云，接着阵阵东北风刮来，小船一下子失去平衡，被吹到湖边的一个小渎口。这时，东坡把头伸出窗外，见大风虽息，湖波犹泛，略感欣慰，便在港口的勒船石上题下了"安欢渎"三字。题完字后，即与佛印和尚进港入孟经河（今称"孟津河"）继续南游。安欢渎曾是抗日战争时期著名的沈家大桥战斗中的战场之一，现在是湟里镇村前村的一个自然村。

芸渎村。船过大巷里（今湟里镇大沈家自然村），一路向南约三里左右，苏东坡忽闻小村之上有琅琅读书之声，便上岸寻声而去，见此村村头有农民在耕耘，村上有不少书生在诵读诗文。苏东坡敬重此处的耕读之风，为此村题下"耘读"二字，后因该村有入涡湖的读口，故被易为"芸渎村"。

迈步村。东坡和佛印重新上得船来，见这里河道弯曲几经折角，东坡出口成章："一曲成市，名曰湾头。""湾头村"由此而来。他们在湾头村又弃船登岸，走到一座桥上时，太阳刚好从云雾中钻出来，东坡对佛印说："既然我们步行到桥上乌云即散，这座桥就叫'步云桥'吧。"佛印连连称好，于是，东坡便书"步云桥"三字于桥上，后易为步芸桥。过了桥，来到一个较大的村庄，看看天色渐晚，东坡对佛印说："晚步来到，就此借宿吧。"便临水找了户人家借住一宿，此村遂称为"晚步村"。"文化大革命"期间，"晚步村"改为"迈步村"。芸渎村、湾头村、步云桥、迈步村均在今湟里镇村前村境内。

狗爬桥。第二天，苏东坡和佛印在晚步村吃早点时，乡里人告诉他们，此去南面二里不到，有一童兴禅院，院前有一眼泉井，其水清澈可口，不妨前去一游。苏东坡和佛印听后大喜，一路小跑而去。途中有座桥又高又陡，他们爬到桥顶已是气喘吁吁，佛印说："居士，这桥真够我们爬的。"东坡长出一口气道："那就叫'够爬桥'吧。"这就是够爬桥的由来，当地人也作"狗爬桥"，后因陆路改道，此桥于1994年东移重建，重建后改称为东村大桥。

图5-8　狗爬桥

香泉村。下桥里许,他们来到了童兴禅院。院前广场上靠孟经河边有一眼泉井。他们已是口渴难耐,立即从泉井内吊上一桶井水,用手捧掬着喝了一气,真是又香又甜,苏东坡连声称奇,题下了"香泉"二字在井边,还出资在此修了四角翘沿凉亭,供过往行人憩歇,饮用泉水,这座亭子便被大家叫作"香泉亭"。周围乡邻听说此事后,纷纷前来定居,开办茶馆,里人均呼此村为"香泉村"。

蒲鞋墩、草鞋墩。在伽蓝桥村的西北有两个大土墩,南面的是蒲鞋墩,圆而大;北面的叫草鞋墩,南高北低,呈椭圆形。苏东坡在雨后经过这里时,因泥泞难走,把粘在脚上的泥块洒落在这里而形成。后来有风水先生看到后说,这是个狮子地,蒲鞋墩是个绣球,草鞋墩是个蹲着的狮子,当北边的青石坝有水流淌时,就发出轰轰的锣声,狮子就在玩舞绣球了。

朱王逃难巧脱身

相传,朱元璋有一次与张士诚打仗,不幸中了埋伏,在众将士的掩护下,他才得以侥幸冲出包围圈,只身一人仓皇向常州府西南方向逃去。此时,他的大将常遇春已从金陵星夜赶来救援了。

朱元璋逃到与金坛交界处的湟里镇东面时,后边追兵很紧,眼看难以脱身了。他猛一抬头,看见一座小石桥。他急中生智,来了个金蝉脱壳。他下马后,将坐骑狠抽一鞭,那马便独自跃过小石桥继续向前狂奔而去,自己则钻进桥洞躲避,追兵远远看到朱元璋的坐骑正在前方狂奔,便继续向马匹追去,使得朱元璋躲过了一劫。后来,朱元璋当了皇帝,人们便把这座小石桥叫作"偃龙桥",而桥下之河被称为"迎龙河"。

等追兵走远了,朱元璋便从桥洞里钻出来,继续往西找寻常遇春的部队。刚出湟里镇,又发现第二批追兵赶来,朱元璋又落荒而逃。忽然看见前面有座土地庙,但见门口蛛网密布,像是好几年没人来过的样子。朱元璋翻墙而入,藏在三位神像(武烈、祠山、蒋明)的后面,并对三位神像立誓道:"若今日能得以庇护,来日定当再造庙宇,并为三位大帝重塑金身。"不一会儿,几个追兵便到了庙门口,追兵朝里一看,发现庙门口的蜘蛛网完好无缺,断定无人入内,于是便弃庙而去,这又让朱元璋得以逃过一劫。

后来,朱元璋便敕封该土地庙神为"三帝大明王",并派监工重修了这座庙宇,三位大帝也得以重披金装,朱元璋还御赐大蜡烛一对(高八尺)及祭品。大蜡烛被熔成油蜡保存,每年春节被乡民再铸成大蜡烛,供在神前给人观览,到正月十八再熔成油脂保存,于是人们就改称该庙为蜡烛庙。

再说,朱元璋出庙后,继续往西走。不料,却被一条宽阔的大河拦住了去路,正在这时,前来救援的常遇春正赶到河对岸。常遇春几次派兵下水过河来救,可惜只游了两三步远,就被湍急的河水冲了回来。常遇春当即命兵士用绳索将手中的长枪头尾系在一起,如此反复直至长度够到对岸。士兵们把这十几根加长了的"长枪"绑到了一起,架起了一座浮桥,使得朱元璋得以顺利地通过了此河。

后来,当地人民知道了这件事后,便在原址上架起一桥以示纪念,并把这座桥叫作"枪架桥",也叫"巧架桥"。

千年古刹大林寺

提起横山的好去处,人们首先想到的是大林寺。这座历经沧桑变迁的千年古刹,已成为横山风景区的标志性建筑了。

大林禅寺位于芳茂山西麓南坡,据《阳湖县志》记载,大林寺始建于南北朝,相传南朝梁代(502—557年)有羽人王八百在此筑室修道炼丹,称羽人宫,道成乘鹤而去,始作"登仙馆",后毁圮,今丹井尚在。唐、宋年间曾重修。宋大中祥符年间(1008—1016年)改名"冲虚观"。不幸元初毁于兵乱。

明朝洪武年间(1368—1398年)在废基上重建,更名大林寺。相传洪武十五年(1382年)八月,马皇后寝疾而逝,明太祖恸哭,即邀全国各寺高僧为马氏做超度水陆法会。事毕,有少林寺和尚慧轮云游各地寺院。一日,慧轮途经武进境内芳茂山,腹饥难捱,见山上隐约有寺庙之廓,即循小径而上。近前观之,但见断垣残壁,无有一僧一物耳。后闻知此处曾为道观、寺院,后荒废,即

图 5-9 大林寺

发下誓言:十年必造一寺。慧轮历经千辛万苦,四处奔波,得到善男信女之力助,十年间终将古寺修葺一新。随赴京叩请洪武皇帝赐名。太祖念慧轮主诚之功,欣然允之。当他得知慧轮为少林寺长房僧时,说道:"你既为长房,出家少林寺,安家就在大林寺吧!"即敕赐"大林禅寺"匾额一块,故大林寺名沿用至今。

　　明崇祯年间,云庵法师率众营业,建有大殿、白云堂、大云楼,客房寮舍、重檐歇顶,颇具规模,威仪整肃,金容炳焕,晨昏梵呗,声达崖谷,俨然一方古丛林。清咸丰时又毁于战火,到清同治十三年(1874 年)大修,又建天王殿、观音殿、东西圣楼及放生池。光绪年间增建,规模甚大,基广百亩,远胜于昔。据志载:天王殿四大金刚雄伟庄严,可与天宁寺四大金刚媲美。千手观音、十八罗汉、释迦牟尼佛像,工艺精湛。惜百年沧桑,外患内忧,屡阅兴废,自清末以来,虽经诸僧惨淡经营,仍难以营生,殿堂舍宇,断垣残壁,佛像尘封,蛛网垂挂。抗日战争时期及解放战争时期系共产党地下党活动场所。

1949 年前,大林寺已是荒山孤庙。新中国成立初期,诸僧还俗,大林寺成为武进横山苗圃驻地。1982 年大林寺被武进县人民政府定为文物保护单位,1988 年起,静海住持募集善款进行修复,于 1991 年 5 月举行佛像开光和法师升座仪式。1989 年 5 月,由武进县人民政府批准恢复为佛教活动场所。2005 年创办武进佛学院。现全寺占地 31 亩,建筑面积 12658 平方米,已是全国百大寺院之一了。

更令人联想翩翩的是大林寺与文学巨著《红楼梦》扯上了关系。《红楼梦》第一百二十回中写到,贾宝玉在毗陵古驿船头别父,被一僧一道夹持,飘然登岸而去。毗陵即今日常州,贾宝玉出家毗陵何寺?南朝四百八十寺,多少楼台烟雨中,唯有大林寺具备"佛佛道道、千年古庙"之禅机,因为在历史上只有大林寺既是佛宇,又是道观。其实,高鹗续写的《红楼梦》后四十回有意在尾声中把宝玉出家安排在佛寺多、名气大的常州是有所暗示的,一僧一道把宝玉领引进释道交融的大林寺,则是出乎意料而又合乎情理的。

夏城桥畔建隋宫

夏城桥位于湖塘镇以东三公里,夏城路北的大通河上。据清乾隆五十年(1785 年)《重修夏城桥碑》刻文记载,明朝前即有此桥,清康熙三十八年(1699 年)重修,清乾隆五十年又修,并立碑以传。夏城古桥原为单孔拱形石桥,距今约有近千年历史,其建桥的确切年代已无从查考。

众所周知,隋炀皇帝杨广穷奢极欲,更喜游乐,在位 14 年(605—618 年),在其出游地大造宫苑,大业十二年一纸诏书,限期毗陵通守路道德在毗陵郡内、运河之畔速建行宫。征召进毗陵的兵丁、工匠数万人日夜施工建造宫苑。宫苑制式仿河南洛阳西苑布局,占地面积和宫苑规模甚至超过洛阳西苑。方圆达 12 里,内有凉殿四座,分别取名为圆基、结绮、飞宇、漏景。四周环河,名木绕堤,绿荫清流,成为佳景,还仿照洛阳西苑,开挖一个大塘,名为夏池,在其左右,又建造了 16 座宫室,都题有雅名。这些宫室,回廊复阁,飞筋激水,工技精巧,色彩绚丽。到炀帝大业十四年(618 年)三月,宫苑基本建成,但隋炀帝未及临幸宫苑,在江都(今扬州)看琼花时,被宇文化及所杀,命归黄泉。所建宫苑之名,在其后史志、典籍中先后有五个名称。因其建于隋朝而称"隋宫",又称"离宫";因其在毗陵地又称之为"毗陵宫";宫苑内建有夏池,隋炀帝意作为其夏游行宫,故又称"夏宫";隋宫规模宏大,堪比城郭,隋宫又称"夏城"。数百年后,夏城宫苑旁建造桥梁名以夏城桥,桥畔之路亦以夏城而名,称夏城路,并沿用至今。

当年四月,扬州兵变,炀帝被杀。时任吴兴郡守沈法兴,率军在东阳(今浙江金华地区),即"以诛化及为名",与部将孙士汉、陈杲仁等号令左右,精兵六万,直扑江都(扬州),讨伐宇文化及,毗陵郡守路道德率兵阻截欲战,沈法兴诱之合兵,在盟约会上袭杀路道德,攻占毗陵、丹阳,一路势如破竹,很快"据有江表(指长江以南)十数郡,自称江南大总管"。

618年五月,唐高祖李渊建立唐皇朝,时为武德元年。

唐武德二年(619年)九月,沈法兴在毗陵自立为梁王,建元延康,建都毗陵,这是常州历史上仅有的一次作为国都。隋宫(毗陵宫)易名"梁宫",作为梁王沈法兴之行宫。

唐武德三年(620年),隋末农民起义军首领李子通率部奔袭沈法兴,沈法兴三面受敌大败而投江自溺,其建立的梁随即灭亡,毗陵宫一度为李子通所占。

唐武德四年(621年),吴王杜伏威遣辅公祐挫败李子通,农民起义军溃散。

唐武德七年(624年),唐李靖平定江南。隋宫(毗陵宫)在八年间五易其主,归唐时已千疮百孔,断垣残壁,昔日恢宏宫苑竟成废墟。

千年演变,沧海桑田。今日夏城桥畔,隋宫遗迹已难寻觅。早年还见连片岗阜、高墩,方圆数里地下不时出土断砖残瓦,现岗阜已平,断砖残瓦深湮。但毗陵宫五易其主的过程,作为武进隋唐间的一段历史,已载入史志、文献传世,成为武进深厚历史底蕴的重要组成部分。

第四节 史 话

涡湖何时形成

关于涡湖的形成时间及取名由来,一直是一个谜。搞清楚涡湖的形成时间及取名由来,对科学利用和充分发挥涡湖旅游资源的价值具有重要意义。

图 5-10 涡湖

涡湖的形成是什么原因,在什么时间呢? 有人认为,大约 2.5 万年前,包括常州在内的长三角地区还是一片汪洋大海。至 1.5 万年前,逐渐形成金三角浅水大海湾。由于长江和钱塘江每年携带数十亿吨泥沙入海,泥沙在江流作用下逐渐在江岸筑起坝状围堰,海潮又使泥沙回流而形成海崖,从而形成一个巨大面积的咸水古太湖。再经陆上径流的常年淡化和淤积,以及地壳运动作用,大片古太湖水域上升为陆地,把古太湖分割成现今的太湖和周围众多中小型淡水湖泊,涌湖就是其中之一。也就是说,涌湖形成至今已有一万多年历史。

而有更多人认为,涌湖形成的原因是由于地震发生地陷而成湖,因为这不但有史籍记载证明,而且围湖建涌湖农场时的发现也已证实。涌湖地区自古以来就是地震多发地带,由于地层下多溶洞,地震又多为陷落型地震。据上海市地震局史料记载,常州西南地区,丹阳、吴郡、晋陵(今常州)一带,自320年(距今1684年前)即开始发生地震,以后每隔一两百年,地震反复出现。

关于涌湖的形成时间,还有两种说法:一说涌湖的形成时间为晋朝,如《嘉泽乡志》云:"晋朝年间,(涌湖)是一古城,后经地震陷落而成湖泊。"二说涌湖的形成时间为唐代,如《南夏墅乡志》录《孙氏宗谱》有云:"(涌湖)相传为唐天宝年间所陷。"而武进博物馆馆长林志方却认为,涌湖形成于晋、唐时代二说缺少其他史籍资料和考古资料的支持,均不可信。依据现有的史籍相关资料和考古资料,涌湖的形成时间应在东汉中晚期。

记载吴越史志的《越绝书》,在记载昔吴越之地汉时的湖泊时,只记载有太湖、射贵湖、无锡湖、尸湖、小湖、耆湖、乘湖、犹湖、语昭湖、作湖、昆湖、湖王湖和丹湖,并没有记载有涌湖,这就说明在《越绝书》成书时涌湖还未形成,如果此时涌湖已存在的话,该书必会将其收录在内。《越绝书》是东汉袁康所撰,此书成于公元52年,为东汉时期,书中有丰富的地名渊源解释内容。《越绝书》卷二《吴地传》涉及地名169个,解释地名渊源16处;卷八《地传》涉及地名86个,解释地名渊源27处。这就是说,在东汉时期,涌湖还未形成。

另外,东汉许慎所著《说文解字》中还未有"涌"字,这说明"涌"字为后起字。许慎《说文解字》成书于公元100年,是时已为东汉中期,据此也可证明在东汉早期时涌湖还没有形成。

今涌湖在东汉早期时还未形成,从考古资料方面也可得到证实。1993年6月,在涌湖农场处发现了一座汉代古墓葬,墓葬内出土了一批五铢钱币,"五铢"二字规整(共出土88枚,现藏于武进博物馆),"五"字形舒展,"铢"字朱旁上折方中见圆,具有东汉早期五铢钱的典型特征,据此可断定该墓葬主人的下葬确切时代应在东汉早期。涌湖农场原是涌湖的一部分,1971年因围湖造田才变成旱地,在该处发现东汉早期的墓葬,说明滆湖在东汉早期时还未形成。否则,滆湖内就不会出现东汉早期的墓葬。

从现有的史籍资料来看,最早言及滆湖的人是三国时东吴经学家、会稽(今浙江)人虞翻,如元至正《金陵新志》引虞翻言载:"虞翻曰:'太湖有五湖,故谓之五湖,滆湖、洮湖、射湖、贵湖及太湖为五湖,并太湖之小支,具连太湖,故太湖兼得五湖之名。'"虞翻既已提到滆湖,说明虞翻时滆湖已肯定存在。虞翻生于164年,卒于233年,因此也可以认为,滆湖形成的最晚时间应在233年之前。从元至正《金陵新志》所引虞翻言五湖内容的语气来看,当时的五湖概念已不大清楚,但说明在虞翻言五湖时滆湖业已存在。依据东汉早期滆湖还未形成、233年虞翻卒之前滆湖业已存在、三国初年为220年,可断定滆湖的形成时间应大约在东汉中晚期。

伍员监造阖闾城

那是春秋时代,伍子胥随吴王阖闾破楚凯旋回来后,阖闾命他在这里修筑一座土城,以控制西面的楚国和南面的越国,此城即后人所称的阖闾城。提起阖闾城,还有一段伍子胥造城的故事呢。

伍子胥本来是楚国人,因为他的父兄被楚平王杀害,他一心报仇,便投奔吴国。有一次,吴王阖闾召见伍子胥,向他请教富国强兵之策。伍子胥想了一下,说:"吴国地处东面,三面受敌,又有江海之患,一旦强敌入侵,于吴国十分不利。只有兴建一座大城,驻兵屯粮,方能永葆千秋大业!"阖闾听了,连连点头称是,便准备让伍子胥来监造这座大城。

周敬王六年(公元前514年),吴国大夫伍员(伍子胥)伐楚还师后,奉吴王阖闾命筑城。此城北靠仆射山、胥山、虾笼山等为屏障,山前有坡地,南临太湖,是以抵御楚、越两国之入侵,以保吴都安全,取名为阖闾城。

那时候,要造一座大城可不容易啊!伍子胥请来了不少识天文地理的人,"相土尝水,象天法地",看好了风水,用了三年时间,才圈了地,招募了民工,选定了吉日。一切准备停当,不想刚刚破土动工,便刮起狂风,下起暴雨。

一连几天,天昏地暗,水流如注,满地积水。

原来,伍子胥挑选的是一块龙穴宝地,刚破土动工就惊动了海龙王。他派出了一条孽龙来兴风作浪,要叫这座城造不起来。伍子胥跑出来一看,只见天空乌云翻滚,一条孽龙在云中忽隐忽现,嘴里不停地喷水。伍子胥双目怒张,须发竖起,抽出身上的宝剑,震天动地大喝一声:"老子从来不信邪!"便与孽龙展开了一场恶斗。他凭着一身好本领,终于刺中了孽龙的眼睛。孽龙翻滚了几下,从天上掉到地上,昏死了过去。伍子胥怕它醒来还要作孽,就随手把它斩成几段。从此,这条孽龙就卧在城中再也爬不起来了。

伍子胥斩了孽龙后,便建起了"阖闾城",内城周围有四十七里二百一十步又二尺,城外廓有六十八里六十步,当时在长江流域算得上数一数二的大城池了。

功毕,阖闾大宴群臣,众人兴高采烈,唯伍子胥面存忧色。原来他一直记着大军事家孙武跟他说过的话。吴国当时取得赫赫战绩,孙武当推首功,可他不愿为官,退隐山野,临别私下对伍子胥道:"暑往则秋来,春来则冬去,四十年后,越强而吴衰矣。"这成了伍子胥的心病,回营后,他悄悄对部下说:"将来吾若有不测,吴国百姓遭劫,饥苦无着,尔等可于那城的东墙脚下挖掘,内藏可度难日之物也。"

后来,阖闾与越战死,夫差即位,三年服丧后,大举伐越。越王勾践抵挡不住,遂用非常谋略,贿赂吴国佞臣伯嚭,于夫差面前举国请降,勾践夫妇入吴为人质。夫差经不住伯嚭一旁妖言蛊惑,又贪婪越国献上的美色财物,竟把国仇家恨抛在一边了。

伍子胥闻讯赶来,说:"昔桀囚汤而不诛,故桀为汤所亡;纣困文王而不杀,终被周灭。吾诚恐夏殷之患至矣。"夫差听了,觉得将他和桀、纣相比,面上挂不住,拂袖而去。

不久,夫差生寒疾,勾践竟然跪尝夫差之粪来测病情,对夫差叩首道:"臣恭贺大王,臣窃尝大王之粪,味苦见酸,正应春夏发生之气,大王之疾,不日即痊愈矣。"夫差大为感动,病好后将勾践放还越国。伍子胥又来进谏:"夫虎卑其势,将有击也;狸缩其身,将取也。大王不可放虎归山矣!"夫差哪里听得进去,加上伯嚭挑唆,伍子胥只得悻悻而退。

勾践回国,与文种、范蠡一班人等施展一个个计谋:先选献美女西施于夫差,让夫差大兴土木劳民伤财,建姑苏台馆娃宫,过淫靡的生活;又谎报越国岁谷歉收,请贷于吴。伍子胥看破勾践伎俩,第三次进谏:"越国非真饥困而乞籴也,乃空吴之粟也。"伯嚭在旁反诬伍子胥坏大王仁义名声,将他轰了出去。次年,越国将蒸过的粟种还吴,吴王见其谷壮,命国中皆用越粟为种,这种子哪里出得了粮食?夫差一味听信伯嚭谗言,还欲北上争霸,伍子胥不由伏地涕泣:"大王莫听邪说谀辞,吴将不国矣!"夫差勃然大怒,赐伍子胥属镂剑,他仰天长叹:"天乎!天乎!子胥今日死,越兵明日至,吴社稷完矣!"又谓下人说:"尔等勿忘那土城东墙脚下之物,可解百姓断粮之虞矣!"言罢,自刎而死。

夫差北上,勾践果然犯来,夫差带争霸之师仓皇回转,为勾践大败,自己也挥剑引颈而亡。

这年新年将至,吴国已无一点余粮,饥民遍野,有人想起伍子胥的话,遂到阖闾城东墙下挖掘,发现那墙砖乃用糯米粉蒸煮后压成,取出来仍可重新烧煮充饥。因这糯米粉砖是在过年时分吃的,人们便称其为年糕,也形成了在春节吃年糕的习俗,实际上也是对伍子胥的纪念。

吴越战地焦山岛

大小焦山,也有人称椒山,是离太湖湾西南方30多公里处的两个小岛,与马迹山斜对而立,四面环水,总面积191275平方米。岛上草木葳蕤,植物生长茂盛,植物、鸟类众多,犹如浮在湖水之上的碧玉。史料曾记载此处为当年吴越之战的古战场。

周敬王十五年、越王允常六年(公元前505年)春,越王允常趁吴军入楚,国内空虚,出兵攻吴,大掠于野而还。越王勾践元年(公元前496年)五月,允常卒,其子勾践即位。吴王阖闾趁机攻越。勾践率师御吴军于檇李(今嘉兴西35公里),大败吴军,阖闾伤重身死。阖闾之子夫差即位后,日夜练兵,以

图 5-11　焦山岛

图伐越复仇。三年春,越王急于先发制人,兴师入吴,战船直趋震泽(今太湖),与吴军战于夫椒山(太湖中的夫山、椒山)。越军战败,吴军追击,勾践率残师 5000 余人退守会稽山。为保存实力,勾践求和。其后才引出一段"卧薪尝胆"的佳话。

　　大焦(椒)山正西面是避风港,这里盛产太湖梅鲚。太湖梅鲚体侧扁,尾尖,形似竹刀,银白色。因其尾部分叉,呈红色,尖细窄长,犹如凤尾,故又称凤尾鱼。梅鲚鱼肉嫩味鲜,含有丰富的蛋白质,特别是它的软骨和鱼卵含有大量的钙质,是人脑和骨髓的滋补佳品,尤其适合青少年。关于梅鲚,还有一段美丽的传说。据晋代张华所著《博物志》中记载:传说春秋末年,越王勾践经过"卧薪尝胆"积蓄了力量,对吴国发起决战,报仇雪耻。但后来受阻于太湖水面,无法攻克吴国都城,战争相持不下。正当越军军粮快要吃尽,欲撤退之际,忽然在越军战船四周浮游起成群结队的小鱼,即为梅鲚。越军捕捞食之,从而士气重振,很快地攻进了吴国都城(今苏州),灭了吴国。

传说太湖梅鲚是由吴王夫差吃剩后倒入太湖里的剩鱼残肉、残骨而变。因为比银鱼长,太湖渔民惯称梅鲚为银鱼的阿哥。由于梅鲚鱼出水即死,不易储存,所以只有少量直接供应上市,绝大部分要晒成梅鲚干,久贮远销。据老渔民介绍,新鲜梅鲚或鱼干烹调方法多种多样,清蒸或红烧均可,如取梅鲚鱼干辅以咸菜或豆腐等共烧煮。

在大焦(椒)山的北侧有一座尧王庙。尧是我国古代帝王,由于他德高望重,人们在好多地方都设庙供奉。在尧王庙的天井里,存放着一方斑驳的古石碑,仔细分辨,也能看出一些字。这是道光八年正月,当时的常州府阳湖县立的公示碑,碑高 1.5 米,宽 0.8 米,厚 0.2 米。主要内容是严禁砍伐山上树林,以免太湖中来往船只难以识别航向。还要求在焦山上广植松、多栽树云云。石碑不但证实了此处叫"焦山",也说明了当年官衙爱民护航之举。

土墩石室千古谜

走进太湖湾的群山之中,无论是在山脚仰望,还是登临山峰鸟瞰,最引人注目的莫过于那一条条山脊上连绵不断的椭圆形土墩,它给那逶迤走蛇般的山脉增添了些许壮观。

武进雪堰镇境内的城湾山区,是海拔在 50—170 米左右的低山丘陵地带。在其大茅山、庙堂山、老鸦山、四顶山、黄家山、腰沿山、蓼莪山、牛头山、酱缸山、虎头山、龙泉山等诸多支脉的顶脊、坡麓、谷涧等地都有土墩存在,估计城湾山一带土墩超过 200 座。登高鸟瞰,漫山遍野,星罗棋布的土墩蔚为壮观。因受地形影响,土墩分布疏密不一,有些地方较为集中,或是三五成群,或是连成一线。距潘家桥桥南面不远的四顶山,其山脊及山坡上分布有土墩二十余座,因小山头上直接排列有四个土墩,故里人称其为"四顶山",四个土墩相互间距不足 10 米。分布在浑圆舒展的山脊上的土墩,则沿山脊走向或直线或弧形弯曲排列,形似串串连珠。

土墩的规模大小不一,一般高 3—6 米,底径 15—20 米,在低矮山头或低于海拔 50 米以下的山脊、坡麓、山涧地带,土墩高度在 1—2 米,底径 6—10

图 5-12 土墩石室

米;而在几条山脉交汇的高处或突兀较为显著的地方,土墩往往要比其他地方的高大,龙泉山上的黄婆岭顶上的土墩,高度超过 6 米,底径在 25 米以上,覆盖了整个岭顶。

另一种为石室,一般采用从附近山岩上撬砸下来的块石或条石、较平整的一面朝内垒砌成上窄下宽的梯形巷道状,底部往往凿平山体、有的铺以卵石或经火烤,顶部用大石块覆盖,平面 U 形,一端有明显的封门。石室外周用块石叠成较矮护坎,封门一侧护坎分别与石室两侧墙连接,与石室一起构成凹形。再在石室上面人工堆土成馒头形,或椭圆形封土。

它们是人类的杰作吗?里面掩藏着什么秘密呢?

老百姓对这种带石室的土墩有自己的说法。他们说,秦始皇北筑长城南筑墩,南造许多"风水墩"以求长生不老。这种"风水墩"内造石坑,坑内有泥香炉、烛台等物。在这种传说的启发下,有些考古学家提出这样一种意见:"风水"是"烽燧"的讹变,"风水墩"是"烽燧墩";春秋时期,吴越相争,吴国为了防止越国进攻,在太湖一带筑这些"烽燧墩"。也就是说,石室土墩是一种军事设施。他们认为土墩石室是一种帐篷式石室,墩大可容 10 人在里面活动。而且,毫无疑问,古代人曾在里面活动过。他们还认为,凡险要的地方必定有此种石室土墩,它们星罗棋布,形成相互声应之势。但是越来越多的学者正基本认同:这是古越族祖先的特殊墓葬群。

自 20 世纪 80 年代起,先后经过正式发掘的有雪堰桥镇的大茅山、四顶山、腰沿山、牛头山等多处,抢救清理的有蓼莪山墓葬。这些墓葬中,随葬器物主要集中成组有序地放置于石室的中部及后部。有些墓葬门前发现有把个别器物有意碰碎的现象。

迷人的吴越文化渊远而流长,而土墩石室又是其中一个非常吸引人的千古之谜。解这个谜不只是专家学者的事,任何一个感兴趣者都可以前往太湖流域,经过身临其境的观光考察,参与破译这一千古之谜。

胥城遗址兵家用

胥城遗址位于武进湖塘镇南四公里的龙潭桥北块,城的南面不远即为兴隆古河道,河上的龙潭桥直通南面庙桥街区。西距恽南田家乡上店小街百余米。北距恽南田父子墓园 300 余米。土城相传为吴国大夫伍子胥伐楚时所筑军垒,故名“胥城”。

春秋后期,吴楚二国交兵功伐,战事频繁。吴王阖闾在周敬王六年(公元前 514 年)于胥城遗址东南方约 40 里的雪堰镇构筑“阖闾城”。八年后即周敬王十四年、阖闾九年(公元前 506 年),又命伍子胥在此“垒土筑城驻兵”,并在南面不远处今南宅附近的前墩一带屯驻重兵,作为攻伐楚国的又一前进补给基地,后人称作“胥城”。

又有史书载曰:“伍子胥伐楚时筑为军垒……”明朝成化年间修的《重修毗陵志》表述:“胥城,在县东南二十里,《四蕃志》云:子胥所筑。”马杭恽氏《恽氏家乘》中,恽逊庵《胥城龙潭》载:“其地为阜,址延袤畴陇河堤间,乡人往往指数,以此为伍大夫壁垒之遗也。”

胥城与阖闾城筑法相同,由夯土筑成,平面略呈长方形,至今已有 2500 余年历史。明嘉靖年间(1522—1566 年),后人在胥城遗址上建造佛寺,塑子胥像,春秋两季祭祀。光绪三十一年(1905 年)重修寺庙,改称“胥城禅寺”。

图 5-13　胥城遗址

胥城占地总面积约 3000 平方米,原土筑城池现仅存西、北二侧部分城垣。北侧残垣东西走向长约 50 米原城垣长约 100 米,西侧残垣南北走向约60 米,原城垣宽约 90 米,古城垣残高 7—10 米,基部宽 6—10 米。古城垣之上原树木葱茏,郁郁苍翠,今残存树木已不多。

2008 年 2 月 26 日,胥城被常州市人民政府公布为第四批常州市文物保护单位。

第五节　"非遗"

常州有丰富的非物质文化遗产,全市目前已拥有 8 类 12 个项目入选国家级非物质文化遗产名录,9 类 30 个项目入选省级非物质文化遗产。2014年 6 月,在卡塔尔多哈进行的第 38 届世界遗产大会宣布,中国大运河项目成功入选世界文化遗产名录。成为我国第 46 个世界遗产项目。大运河是世界上建造时间最早、使用最久、空间跨度最大的人工运河,开凿至今已有 1600 多年,是中华民族留给世界的宝贵遗产。常州市是此大运河项目的申报城市之一。

梳篦世家延陵地

在辽阔的中华大地上,梳与篦到处生产,但主要产区在常州、福州、柳州、衡阳等地。长江流域的梳篦工艺源远流长,四川青川战国秦墓、湖北江陵凤凰山秦墓及云梦睡虎地秦汉墓,都发现过彩绘和漆绘的木梳篦。湖北江陵拍马山古墓中出土的战国时期木梳就刻有"延陵西门"字样,说明常武地区的梳篦至少有 2000 年的历史,到南北朝时已声名大振。

图 5-14　梳篦世家

图 5-15　梳篦世家

据传,早在南北朝以前,常武地区就有了雕花木梳;盛唐时,当地梳篦花色繁多,不胜枚举,大的竟有二尺多长。北宋以来,质地日趋贵重,金银梳具相当流行。大文豪苏东坡曾有"山人醉后铁冠落,溪女笑时银栉低"的诗句。元代,常武地区的梳篦从运河经长江出海,随着"水上丝绸之路"传到海外。明清时代,文献中关于常武地区梳篦的记载渐多。明代关于常州西郊八景之一"文亨穿月,篦梁灯火"的记载,把古运河畔篦箕巷的夜景描绘得栩栩如生。清朝乾隆年间的《常州赋》云:"削竹成篦,朝京门内比户皆为。"《光绪武进阳湖县志》"土产类"中也作了"城西男妇多业此者"的记载。

常武地区梳篦曾经是古代宫廷御用珍品。谚云："扬州胭脂苏州花,常州梳篦第一家。"因为清代常州织造局每年都要来常武地区定制一批高级梳篦,向朝廷进贡,所以常州梳篦就有了"宫梳名篦"的美称。李莲英为西太后慈禧梳头用的常州产象牙梳,至今仍留存在北京故宫。现城内仍保留的"篦箕巷"、"木梳街",即古代制梳篦作坊集中之地。

关于常州梳篦,在民间流传着许多故事。据说常州木梳的始祖,得从三皇时代讲起。当时有一个叫赫廉的人,有一手好手艺,乡亲们称他是"巧手匠人"。那时的人还不知道梳头打扮,都是披头散发、乱蓬蓬的,干活时碍手碍脚。人们对赫廉说:"你替大家想想办法吧!"赫廉找来骨头、象牙、木头,按照人用手抓撩头发的模样,做成了最原始的五指梳。正当他想再做梳子时,原始部族之间发生了争斗,赫廉被蚩尤拉去打仗,蚩尤战败,赫廉也做了轩辕黄帝的俘虏,被押入死牢。

死牢的看守叫皇甫,是个热心肠的人,当知道赫廉是个会做梳子的匠人后,想放他走,赫廉怕连累皇甫而执意不肯。皇甫劝赫廉连夜做一把梳子,献给黄帝正妃嫘祖娘娘,求她开恩。可时间太紧,就找来木头,由皇甫帮忙赶制,一大早,皇甫就把木梳给嫘祖娘娘送了去,并陈述了赫廉的冤屈。嫘祖一用木梳,高兴极了,随手把头发绾了一个髻,把木梳插在发髻上,带着皇甫去见轩辕黄帝求情。轩辕一见妻子头上插了木梳格外漂亮,就赦赫廉无罪。皇甫听了,飞快地往死牢跑去,可是已经晚了,赫廉被处决了,皇甫悲伤得昏迷了过去。

后来,轩辕黄帝追封赫廉为木梳始祖,派皇甫当匠作统领,监制木梳。自此,常州木梳技艺代代相传,在清水潭南边形成了一里多长的木梳街。人们公认赫廉和皇甫为制作木梳的始祖,每年二月十八和九月二十八日,都要祭祀祖师。

常武地区梳篦历史悠久,"宫梳名篦,情同伉俪;延陵特产,花开并蒂"。武进最早叫延陵,这首民谣所唱的,就是常州有名的特产木梳、篦箕。古人兴蓄长发,梳篦为每日梳理头发的必备之物。梳子的齿距疏松一些,用于头发的梳理;篦子的齿距较密,用来篦去发间的污垢,保持头发清洁,不长寄生虫,使人容光焕发。梳篦还可以刺激头皮神经,促进新陈代谢,延年益寿,并能插于发间作首饰。随着社会的变革,梳篦生产时兴时衰。如清康、雍年间(1662—1734年)漕运盛行,梳篦畅销南北各地,行业中最老的梳篦作场有西门篦箕巷老卜恒顺,它开设在明代天启年间(其精制的有象牙梳篦、黄杨套梳、梅木嵌银篦等)。清末民初,梳篦产品的质量和花色品种得到进一步提高、改进,如篦箕开始用生漆胶合,使其下水不脱;黄杨梳改进稀密两用齿,深受用户欢迎。

常武地区梳篦声名之盛,在于选材严格、工艺独特、制作精良。常州梳篦以高超的民间技艺名扬天下,先后获1910年南洋劝业会颁发的金质奖章、1915年巴拿马国际和平展览会的银质奖和1926年美国费城国际博览会的金质奖。

常州梳篦现被列为国家级非物质文化遗产。

惊世骇俗说因果

常州道情是常武地区的一种民间传统曲艺,表演方法一般有上、下手两人拼双档说唱,上手为主角,手持"三跳板",桌上一块"醒目",又称"惊堂木"。说表开始时,手拍"醒目",以示叫听众静下来,演唱时,手敲"三跳板",有时还把"三跳板"作为演唱道具,比作刀枪剑戟等武器,用来得心应手。下手(俗称拖下板)右手敲小扁鼓,左手拍板(又名老郎板),紧接上手唱词的末一句最后一字哼唱。那拖出的音调,悠悠扬扬,听来就像让人喝着浓郁醇厚的米酒一样醉人。

常州道情的开山鼻祖,据说是三千多年前周文王的第三个儿子姬叔颖。姬叔颖是个下肢瘫痪的残废人,为了帮助文王兴周灭纣,便叫人推了他的坐车到处游说,行道于天下,自称为"说因果"。他车上带有木板,每到一处,专门在桥顶上搭起讲台宣讲兴周灭纣、天道有常的道理。每当在桥上"说因果"时,桥梁两岸行人驻足、交通为之暂阻,直至因果说完,撤了讲台,两头才得以通行,至今常州道情的艺人仍称讲台为"桥梁"。他能言善辩,口若悬河,讲的故事都为老百姓所喜闻乐见，所以每次开讲，来往行人都乐意立下脚来听他讲说。据说当时姬叔颖的"说因果"，唤起了民众，大大地鼓动了百姓参加义师，为兴国灭纣立下了功勋，从此"说因果"大兴于世。

周代将它改为宣扬"有君亲最恩重、存忠效为贤德"等劝人为善内容的民间演艺，这种"说因果"便成为常州道情的前身。常州道情艺人历代师傅留传下来的宗师图像，便是姬叔颖的神像。至于"说因果"起初至今一直以"说"为主，何时有唱的，却是无从究考了。

常州道情流行于清朝同治年间。在这之前，农村中就有"说因果"。这些"说因果"艺人大都是贫困农民，忙时种田，闲时"说因果"。他们在田埂、场角随便拾起两片断砖碎瓦，一面敲打节拍，一面说起来。唱词完全是顺口溜，无文字脚本，见到什么唱什么，唱到哪里算哪里，说唱的内容大都是劝人为善。这时的"说因果"不向听众收钱，纯属劝人为善、娱乐的性质。之后，出现了专以"说因果"为营生的专业艺人，开始向听众收钱。但一开始不拘多少，随缘乐助。

同治末年，武进县小新桥薛良荣和张金富等人以演唱"说因果"著称。从他们开始，"说因果"已完全形成地方曲艺，与苏州评弹、说大书有点相像，并由露天进入乡镇茶馆，并正式定名为"常州道情"。"道情"是取说情道理、惊醒顽俗的意思。

辛亥革命以后，常州道情从农村进入城市，开始时在大庙弄城隍庙里设摊，后来进入茶馆书场，与评弹说书平起平坐，并成立了"常州道情总会"，打进上海。在上海周家桥、杨树浦、五角场等茶馆开说，场场客满，受到民众赞赏。抗日战争以前，常州道情曾红极一时，普及常州四城门八水关，老西门外留芳茶店、第一楼茶店、四时春茶店、东门玉和茶店、小南门广花茶店、大北门青山茶店、一乐天茶店、火车站新丰茶店，城内顺和楼茶店、大观园茶店、老义和茶店、陈渡桥惠和轩茶馆、浦前丫叉浦茶馆、白衣庵、卜弋桥等地，到处开说"常州道情"，形成了一道亮丽的民间文化风景线。

至抗战前，常州道情已遍及常州四城门八水关。老西门留芳茶店、第一楼茶店、四时村茶店、西仓桥玉川茶店、文在门丹凤茶店、东门悦和茶店、小南门广化茶店、大北门青山茶店、一乐天茶店、火车站新丰茶店、城中顺和楼茶店、大观园茶店、浦前镇丫叉浦茶店,以及近邻白衣庵、郑渡桥、卜弋桥等茶店,都先后开唱过常州道情。这时,是常州道情的全盛时期。

常州道情现被列为江苏省级非物质文化遗产。

喜闻乐见唱春调

唱春,是常武地区流传较广、影响较大的民间文艺活动之一,其曲调旧称"常州调",俗称"春调"。它和山歌、宣卷、道情等一样,曾经风行于人民群众之中,具有通俗易懂、便于流传等共同的特点,却又独具特色,自成一家。也可以说,它是从山歌(吴歌)和小调的艺术升华中发展起来的一种民间曲艺。如今,唱春仍活跃于民间,唱春调《孟姜女十二月花名》仍为人们所喜闻乐唱。

《辞海》载:"唱春调,即《孟姜女调》,亦名《四季调》。民间曲调,清代流行,常为十二迭,每月有迭,也可用四季分为四迭。每迭七言四句,除第三句外,均押平韵。"

常武地区民间流传着许多关于唱春来历的传说。一说,唱春的起源是纪念战国四大公子之一的楚国春申君。春申君虽然是贵族公子,却很关心民间疾苦,曾为消除江南地方的水灾,发动人民兴修水利。那一年的腊月开春,疏浚春申江(即今黄浦江)时,延陵民工在工地上劳动时唱的山歌被沿袭下来,叫作"唱春",以表示对春申君的怀念。

二说,从前常州城面积很大,明朝洪武二年,朱元璋派汤和驻守常州城,汤和酒醉糊涂,误听为叫他去"收缩常州城",便强迫老百姓把 30 里大的常州罗城的城墙统统拆掉,缩小改筑了一个穿心三里的小小的新城,多下来的城砖连夜一齐运到南京,供筑石头城之用。当时,常州百姓深受拆城墙、筑城墙的徭役之苦,便借唱山歌唱春来发泄对朝廷的不满。唱又不敢明唱,便把孟姜女故事编入《十二月花名》,唱得有声有色。因为大家喜欢听,所以后来唱春便成了春节农闲时的风俗。穷苦人以此索取赏钱,编唱一些迎合人们心理的吉利话和好话,都是随口编编的。

武进安家乡（今常州市新北区）一带传说，在明朝，有一位皇后患病，经御医多方医治无效，已经卧床两年不能起来了。有一天，吃"开口饭"的冯金银被召进宫中说说唱唱，声音传到内宫，皇后听了很是高兴。于是便叫官女传冯金银到寝宫为娘娘演唱，娘娘越听心里越舒畅，居然毛病也一天天好起来了。病愈以后，便叫皇上封冯金银为阁老。冯金银高兴得随口编唱道："冯陈褚卫第一姓，冯阁老立地唱新春。常州城内唱一阵，一直唱进午朝门！"因此，皇帝下诏，凡是唱春的人，不受州县阻挡，到处可以演唱。从此，江南一带，从常州、无锡到苏州，每年春节，都有农民进城唱春。

据有关文献记载，"入春，常有两人沿门唱歌，随时编曲，皆新春吉语，名曰'唱春'。唱时轻锣小鼓，击之以板，板绘五彩龙凤，中书四字曰：'龙凤官春'。俗传沿明时正德御赐云。"所吟咏和记载的，显然是具有传统色彩的民间高档的双档唱春。这是唱春源于明代常州的第一手"铁证"。

1925年，开创我国民间文学研究新道路的顾颉刚先生在研究孟姜女故事时已认定："唱春调，我们知道是江苏常州的出产。"1936年，武进人丁庆生发表了《谈唱春》的文章，比较具体地描述了家乡的唱春实况。上述有关唱春的文字记载都表明，唱春的发源地就是常武地区。

唱春在人民群众中的广泛流行，是与民间故事相结合的。特别是当它与孟姜女故事相结合以后，便在全国各地流传。

常州唱春现被列为国家级非物质文化遗产。

阳湖武术扬神威

"阳湖拳"，顾名思义就是常武地区的一个拳术种类，相传由北宋年代武进籍武术家"南侠"展昭所创。"阳湖拳"，又名常州南拳、苏南南拳，江苏唯一的地方拳种，流传于江、浙、沪、闽、粤等地，距今已有七百余年历史。

宋代，常武地区民间便热衷于武术，一直沿袭至今。后来，唐荆川、白泰官等武进籍名人又成为其传承中的杰出人物。《扬州唐襄文公祠记》中记载了当年唐荆川对戚继光传授枪法的事实。在由人民体育出版社出版的全国体育类高校教材《武术》中，唯一提到的中国武术家是唐荆川，书中介绍了他的一首诗，诗曰："忽然竖发一顿足，崖石迸裂惊砂走。去来星女掷灵梭，天矫天魔翻翠袖。伸展直指日车停，缩身斜钻针眼透……"据有关专家考证，这两则文中所述皆为如今阳湖拳之精华。

明嘉靖年间，余姚一带倭寇为患，戚继光奉命从福建调防三北。戚继光将阳湖拳融会贯通，创造了戚氏长拳，教授将士，训练出精良的戚家军。戚继光还以阳湖拳套路为基础，撰写了武术著作《纪效新书》。平倭以后，戚家军的一些将士留在浙江一带定居，这样，阳湖拳又在那里传授开了。

清乾隆年间，闻名遐迩的江南大侠白泰官，自幼习练道家"紫阳派"的阳湖拳；太平天国护王、武进人陈坤书，以阳湖拳传授部下；民国时期，国术馆的武术教练李和生、曾打败日本武士的一代拳王蒋浩泉、武术史学家徐哲东、名拳师金一鸣等武进籍武术高手，也都以阳湖拳起家，并积极推广阳湖拳。

据《武进县志》载："徒手、器械武术在县境流传甚早，尤其是常州南拳，它源出道家武术，创发于宋末元初，有700多年历史，500多种套路。盛行于农村，流传到无锡、苏州、上海等地。"清初，丰南乡杨焕昌发起"西崦拳术会"，继承和发展南拳，刀、枪、剑、棍等套路有36种之多。光绪年间，芙蓉圩周茂林等继续发扬，培养徒弟100余人，形成横山派系，被称为"阳湖拳"，其弟子周森林、张凤池等皆是阳湖拳高手。

图 5-16　阳湖拳

据说新中国成立前，有一次张凤池与同伴驾舟行于太湖，突遇十多名"江洋大盗"，索要"买路钱"。张凤池当即昂立船头，称愿献小技为其取乐，说罢翻身一跃，竟"飞"至三丈开外的桅杆顶上，一个"蜻蜓点水"单手倒立（拳路中称之为"拿大顶"），任凭船只左摇右晃，他自岿然不动，这正是阳湖拳的轻功绝招，吓得大盗们面面相觑，飞船而逃。

清光绪十四年(1888年),礼河乡大路村有20多人习练此武术,子孙延续,广传邻村,称之为"大路拳";洛阳、遥观等地每年春季举办庙会时表演武术,因出拳时口唱拳诀,故而称之为"开口拳"。此外,鸣凰、横林、戴溪、焦溪、泰村、嘉泽、东安、潞城、北港等地也盛行练武,保家护村。故而,以阳湖拳为主要拳种的武进武术为省内外所瞩目,曾与徐州邳县并称为江苏一南一北的两个"武术之乡"。

"阳湖拳"器械有"十八长与十八短",共36种之多,历经几百年长期衍化及发展,逐渐形成了地域性鲜明的拳种特色。它集"南拳北腿"之长,独创了具有"南北兼收,拳腿并重,原地旋翻,幅度颇小,快速勇猛,精悍灵巧,近身短打,进多退少"的武术风格,并以地域区分为阳湖派(即常州东南方向的阳山、子是湖、双庙、虞桥、遥观、洛阳、漕桥、宜兴等地)、横山派(即常州东北方向的横山桥、郑陆、芙蓉、舜过山、江阴、张家港等地)、紫阳派(由常州市区的天庆观流传,因观主张伯端是道家南五祖之首的紫阳真人而得此名)、西山派(即常州西部和西南方向的卜弋、湟里、东安及溧阳山区)、茅山派(即茅山、黄金山、长荡湖、金坛、句容等地)等五大武术流派。

阳湖拳与其他拳种比较,其特点明显:一是幅度很小;二是拳架低矮;三是快速勇猛;四是边练边唱;五是拳路短套;六是手步迥异。此外,阳湖拳还有复合单练、复合群打、连打行打、功夫绝技等套路特点。

20世纪80年代初,全国进行了武术挖掘抢救工作,挖掘整理小组将"常州南拳"正式命名为"阳湖拳",载入《常州拳械录》、《江苏传统武术》、《中华武术大辞典》等书刊。

阳湖拳现被列为江苏省级非物质文化遗产。

锡剧花开灿如霞

锡剧起源于常武地区,是江苏省主要地方剧种之一,流传于江苏、浙江、安徽和上海地区,与越剧、黄梅戏竞相媲美,同列华东三大剧种。

锡剧是由滩簧系统中的常州滩簧发展而成的一个近代剧种。据《江苏戏曲志》记载,清乾隆三十七年(1772年),武进籍著名诗人赵翼回故里戴溪桥探亲,发现家乡有村伶演出,作诗记述曰:"焰段流传本不经,村伶演作绕梁音。老夫胸有书千卷,翻让童奴博古今。"并以"里俗戏剧"称之,由此可推断锡剧出现的时间当在1754年到1772年之间。

图5-17 锡剧

滩簧起源于苏南民间山歌。常州的山歌、小调在唐代已开始流行,到明代已形成一年一度在"德安桥上对山歌"的传统。城乡士民惯于在此迎神赛会、对歌演唱,1913年的《新兰陵报》就曾报道过是年6月19日(俗传观音得道之日),乡民于德安桥下唱山歌的盛况。平时,农民在田间插秧或耘耥时,也常常一边劳动一边对歌。有时两人结成对子对唱,或结伴对唱,或一人主唱、其他人和唱,船民则唱船歌。农闲或夏日晚上纳凉,人们往往也以唱山歌、小调自娱。

常州滩簧演唱形式十分简便,有时一人一把胡琴自拉自唱,有时两人合作,交替操琴演唱。之后,佼佼者逐渐由业余变成半职业化,每逢乡邻街坊红白大事,滩簧艺人便登门演唱,主家招待一餐便饭,无须另外付钱。滩簧受到农民广泛欢迎后,便迅速转为专业化。家中田少人多者和缺乏资本从事商业者便相互结合,四方流动演唱,不再受农事忙闲的制约。昔日的滩簧演唱者每每通宵达旦,有时夜间开场,日出散场;有时日出开场,日落散场,故曰"两头红"。

滩簧经过艺人的不断革新,迅速在常武地区流传。自乾隆至道光的近百年间,常州滩簧竟遍及常州府所辖八县(包括无锡),还流传到苏州和浙江吴兴一带,成为其早期鼎盛期。当时从事演唱的职业和半职业艺人已达百余人,演唱地点也从村头到登上庙台,同时出现了刻印唱片。更可喜的是演唱内容开始从劝人为善、因果报应等一般伦理上升为反封建压迫,尤其是反对封建婚姻的曲目日益增多,表达了人民群众的意愿,产生了积极的社会影响。由于常州滩簧表现的内容与封建礼教格格不入,有力地冲击了封建文化,因此,历代统治阶级一再下令予以取缔。在官府的一再严厉取缔下,滩簧屡遭摧残,唱本刻印几乎全被收缴销毁,常州滩簧长期处于不合法的地位,受到灭禁。

咸丰十年左右(1860—1864年),太平天国军占领常州期间,滩簧又趋活跃,其势更盛,发展更快。光绪三十四年(1908年),沪宁铁路通车,常州滩簧艺人孙玉翠率先组班赴沪,在北门一带茶馆演唱,自此大批艺人纷纷赴沪谋生。滩簧由此开阔视野,广泛吸取了评书、京戏、文明戏的精华及表演技艺,演出质量有了明显提高。

辛亥革命时,常武地区出现了"孙文闹革命,滩簧好进城"的民谣,历史的巨大变迁对滩簧的发展产生了深远影响。

民国八年(1919年),艺人周甫艺、孙玉翠联合组班,请王嘉大用幕表形式,参考常州道情、常州宣卷的长篇曲目,创大型戏,于农历七月初一起在上海小世界游艺场四楼演出。同时角色行当开始分立,生行分小生、老生、小丑等,旦行分闺门旦、老旦、风骚旦(丑旦)。在声腔上亦随行当发展而发展。自此,各班竞相上演幕表制大型剧目,称作"大同场戏"。

民国十年(1921年),孙玉翠组班从事服饰改革的实验,是年,在报纸广告中首先正式启用"常州文戏"剧种名。民国十二年,王嘉大与同乡合资在上海曹家渡建造三民戏院,大演"常州文戏",扩大了本剧种的社会影响,为"锡剧"的诞生奠定了良好的群众基础。民国二十一年"一·二八"事变爆发,在沪艺人纷纷返归故里,周甫艺之徒李如祥、陈梅森商定以"常锡文戏"名称,取代常锡滩簧旧称。

民国二十六年,常州沦陷。滩簧丑角张乾大创作了揭露日军暴行的唱段,用《西湖栏杆》小调在每场演出前加唱。民国二十九年,滞留在沪的七班联合义演《三看御妹》,支援抗日。至1949年,班社已发展到20余个,流行区域已遍及江、浙、沪。

1950年,"常锡文戏"统称"常锡剧"。1955年,江苏省文化局发文,常锡剧简称锡剧。

如今,常武地区的业余锡剧创作和演唱活动十分活跃,尤其在湖塘、礼嘉、郑陆、三河口、雪堰等地,喜爱锡剧演唱之风甚盛,参与者可达数万人,使锡剧艺术在故乡得到不断的继承和发展。

锡剧现被列为国家级非物质文化遗产。

绿竹神技延陵派

中国是世界上最早用竹和最善于用竹的民族之一。唐宋时期的竹刻,实物流传或出土者绝少,文献记载亦鲜。竹刻发展成一门独立的艺术,时间在明中期以后。当时盛产竹子的江南嘉定和金陵是明清时期竹刻艺术的两大中心。

图 5-18　留青竹刻

　　清代竹刻在继承明代风格基础上，又出现了"翻簧竹刻"和"留青竹刻"。前者是将毛竹锯成竹筒，去节去青，留下一层竹黄，经煮、晒、压、胶合成镶嵌在木胎、竹片上，然后磨光，再在上面刻纹饰。后者是留用竹子表面的一层青筠（青竹皮）作为雕刻图纹，然后铲去图纹以外的竹青，露出下面的竹肌作地，故名"留青竹刻"，也称"皮雕"，属阳刻。

　　明末清初，常州府江阴县人张希黄（宗略）对留青竹刻造诣颇深，人称"留青圣手"。他改进了唐代以来的传统留青竹刻的技法，借竹皮青筠去留多寡而分浅深浓淡，若水晕墨章，独具意趣，于嘉定、金陵之外独树一帜。

　　张希黄之后，习留青竹刻技法者甚众。清末，常武地区留青竹刻独占鳌头，其所雕作品层次丰富，意境隽永，有"全留青"、"部分留青"之分，画面刀法细腻，形象生动，格调高雅。器型多挂屏、座屏、笔筒、茶盆和花瓶。至近现代，留青竹刻群体主要集中在常武地区，时人称其为"延陵派"。20 世纪，我国著名文物鉴赏家王世襄著文称誉："当今中国竹刻的中心在常州。"其中留青竹刻大师徐素白就是最杰出的代表人物，其故乡武进鸣凰镇也被江苏省命名为"竹刻之乡"。

　　徐素白竹刻继承了明清各家之长，又不受成法所拘，他勇于探索，敢于创新，形成了徐氏独特的艺术风格。他能在一层薄薄的竹青上雕刻出各种物态的动感和质感，既具有立体雕刻感，又富有中国画的构图特点和笔墨技巧。他技巧娴熟，无论直线、弧线，都能一刀定型，且能以留青的厚薄来体现中国画的墨分五色。徐素白一生勤奋，伏案操刀 50 年。晚年把精力放在指点儿辈、学生身上。可喜的是，他的后人不但接受掌握了徐派的刀刻技法，还在开发留青竹刻的表现力、刻画艺术形象和体现艺术意境等方面博采其他艺术门类之长，营造独特优势。徐素白的次子秉言、三子秉方全面继承了他的留青技艺，又分别按各自的艺术素养和审美倾向努力拓新，形成了一个门派中两种不同的风格，使留青竹刻艺术达到了一个全新的艺术境界。

　　常州另一位竹刻家白士风自 20 世纪 40 年代开始涉猎留青竹刻后，刻苦钻研，不断创新。他也要求物象造型准确，刻画周到精微，基本上遵循了浮雕的表现原理。白士风的留青竹刻，刻工精细，层次分明，能较好地传达出书画家原作的风韵,颇得书画家的好评。著名书法家、美术评论家黄苗子看了他的作品,曾题诗道:"昆刀善刻失清甫,大璞新石仆仲谦。何似常州白居士,出新吐故更鲜研。"我国著名明清家具专家王世襄曾亲自到常州拜访白士风,看了他的竹刻拓本册和他的原刻后,也挥笔题诗道:"漫说希黄迹已陈,又逢妙手削轻筠。剧怜留得青如许,现出人寰万象新。"白士风的部分精品曾在美、英、日、加拿大等 20 多个国家、地区展出。

如今,在常武地区已拥有数百人的留青竹刻群体。这些留青竹刻艺术家在继承传统的同时,拓展更新更广的艺术领域,让以前只有皇室贵族享用的艺术品进入寻常百姓家。当地政府和文化部门也给予这个艺术门类以高度的重视和支持,留青竹刻艺术将凭借传统优势、地域优势和人文优势,兴起一个新的艺术高潮,并将与苏州的刺绣、宜兴的紫砂媲美,成为常武地区堪为自豪的文化品牌。

目前,武进的留青竹刻艺术已被列为国家级非物质文化遗产。

乱针绘就新天地

初看这些作品,人们一定会觉得平淡无奇,就像欣赏一般的装饰画。但当知道这些画都是用绣花针和花线绣出来的时候,你一定会为我国传统工艺艺术所创造的奇迹感到自豪。那些豪放的针法所造成的细腻感受,光与影的微妙变化,都能令人拍案叫绝。《安娜·卡列尼娜》《等待》等名画被临摹得惟妙惟肖,照片中的实景被逼真地展现出来,就连细小的饰物都制作得那么精致生动,这就是中国独特的乱针绣艺术的魅力。

图 5-19　乱针绣

　　乱针绣艺术采用纵横交错、长短不一、疏密重叠、灵活多变的针法,奇迹般地赋予针和线以笔墨油彩的表现力,使人产生西洋油画的光色透视效果。乱针绣在我国苏绣、湘绣、粤绣、蜀绣等刺绣艺术中脱颖而出,把平面画的艺术效果提升到了一个崭新的文化品位,它的创始人是现代杰出的刺绣艺术家杨守玉教授。

　　杨守玉的家乡常州是有着刺绣传统的苏南文化古城,明清时期即以"常绣"名闻遐迩。对刺绣艺术具有很高鉴赏水平并深谙绣理的近代名人张謇曾评说:"湖南湘绣较粗,而苏绣不合画理,常绣又细又合画理。"辛亥革命前后,刺绣成为常武地区妇女的重要副业,不少妇女还进刺绣职业学校参加培训。她们的作品送到国际博览会以及全国各地艺术品展览会,荣获多项殊荣。杨守玉就是在这样的社会环境氛围下成长起来的。

　　杨守玉,乳名祥云,生于1896年6月26日。她幼时曾受学于名师史聘三先生,打下了良好的文学基础。后考进了武进女子师范学校图工班。1915年,杨守玉毕业时,吕凤子立即聘请这位品学兼优的高足到自己创办的丹阳正则女子职业学校任教职。

　　杨守玉在丹阳职校任绘画、刺绣教员,在教学的同时,她刻苦钻研刺绣艺术,在吕凤子的栽培指点下,艺术视野愈益开阔,创作思路日趋成熟。她潜心研究古今刺绣和中外画意,试图把西方绘画观念和传统针绣艺术结合起来。她十年如一日,凭着对现代艺术的审美情趣,对西方画的审读能力,以及娴熟的针绣技艺,终于在1928年有了新的突破,创作了中国刺绣史上第一幅乱针法的作品《老人头像》。其色彩之丰富、层次之分明、描画之生动,令人耳目一新。后命名为"乱针绣",又名"正则绣"。

　　"乱针绣"是把画理与绣理结合在一起创造出来的一种新的刺绣艺术,是利用特殊的乱针技法来制作"针画"。她用针线为工具,把不同方向、不同颜色的直线条,通过交叉重叠堆积来表现物体的体积感,以及前后物体的空间关系和色彩变化。乱针绣摆脱了"密接其针,排比其线"的传统操作法,而是不拘陈规,采用错综复杂的工艺手法,自由地表达作者的思想感情,成为极其珍贵的艺术作品。乱针绣的复杂与珍贵之处便是"乱"。而乱是有情理、有规则的乱,乱是为了求得整体的统一与更活泼的变化。

自20世纪40年代起,杨守玉的作品就作为国家礼品赠送海外友人,作品多次在海外展出,深得中外人士好评。其代表作《罗斯福像》为美国国家艺术馆收藏。在之后半个世纪的岁月中,杨守玉和她的弟子的作品,在《人民日报》海外版、《中国文化报》、中央电视台等媒体上广为宣传,得到社会各界的好评,并为世界各国博物馆及各界人士珍藏。

1960年2月,常州成立工艺美术研究所。杨守玉不顾多病体衰,担任顾问,指导传授乱针绣工艺,在题材内容、针法绣理、光色表现诸方面均有新的突破,硕果累累,使其在常州进一步发扬光大。

改革开放以来,杨守玉的关门弟子陈亚先及后辈单银娣、孙燕云、狄静等人挺身而出,接下了乱针绣艺术的传承重任。经过努力,常州乱针绣在中国绣坛上异军突起。如今,常州诞生了几十种不同的乱针绣法,可表现各种不同的物质感,丰富了乱针绣的表现内涵。

近年来,常州乱针绣艺术越来越受到社会各界的高度关注,其作品大量作为当地政府对外交往的珍贵礼品,同时为国内外艺术博物馆和艺术品收藏家珍藏。

常州乱针绣现被列为江苏省级非物质文化遗产。

龙城牙刻竞风流

经过考古发现证明,早在远古时代——七千多年前的河姆渡遗址,象牙雕刻就已经和音乐、彩陶、舞蹈、木刻、石雕等构成了灿烂辉煌的中国史前文化。

在唐、宋时期,由于航海业的发展,象牙雕刻行业有很大的发展,并逐渐形成了北京、广东、江南地区为主的三大流派。宋元时代的牙雕工艺已有相当的规模,皇室、官府设有专门从事雕刻作坊,牙雕工艺向充满世俗化、装饰化倾向发展。而元代的牙雕工艺则转向较为工细的方向发展。明代的牙雕工艺,由于受西方产品、科技的影响,视野在不断拓展,生活追求奢侈,豪华风雅,进而促进了传统工艺的装饰性、艺术性的不断提高发展,雕刻工艺也逐渐发达起来。

及至明、清时期,不仅品种丰富,而且技艺高超。清代牙雕继承了明代的传统,并把牙雕工艺发展旺盛,特别是在生产技术和艺术创造方面大有发展。期间,雕制了大量的精美、实用、美观以及富有想象力的艺术作品。其牙雕工艺水平已十分高超,技法也十分完备。

在民国时期及至新中国成立初期,由于战火连绵和百废待兴而有所萎缩。新中国成立后,党和政府十分重视传统工艺美术,象牙雕刻又迎来了蓬勃发展的春天。

图 5-20　象牙浅刻

象牙雕刻分圆雕、浮雕、镂雕和浅刻、微刻。而象牙浅刻本来是蕴涵在其他象牙雕法里的,直至到了近、现代才发展成独立的科目。象牙浅刻是牙雕艺术中的一大门类,它与我国的中国绘画息息相关,能再生中国画所能表达的一切题材内容,远古近代人物山水花鸟走兽,表现艺术更为广泛。

近数十年来,常州象牙浅刻人才辈出,中青年象牙浅刻大师大有人在,他们技法精湛,风格各异,作品构思新颖,不落俗套,技法创新,精品佳作层出不尽。

象牙雕刻就是在象牙制成的饰件、把玩、片儿或是生活、文房型器的平面上用钢刀划槽成图成字。经过从艺人员的不断努力、辛勤探索,常州象牙浅刻的艺术水平震动全国。在常州文化艺术氛围极浓的这块肥沃的土地上,象牙浅刻的代表人物与美术界的人士广交朋友,学习美术理论,研究中国画技法,自制各式雕刻刀具。在象牙浅刻艺术中融进当代中国画的笔意墨韵,表现形式有小写意、大写意甚至小泼墨。欣赏时但见刀法里有笔法,笔法里有刀法,似刀非刀,似笔非笔,刀笔相融,把以刀代笔的效果发挥得淋漓尽致,使象牙浅刻表现出来的效果既具中国画神韵,又不失雕刻所讲究的金石刀味,所反映出来的效果极富中国画的艺术效果。

常州象牙浅刻创作、制作有开料、描图、雕刻、上色、封蜡等过程。其工艺、技艺主要特点为:在象牙平面上以水墨写意之刀法,将书画、浅刻技艺熔于一炉,表现出中国绘画和书法的深远意境,其作品具有典雅、醇厚的艺术风格。常州的象牙浅刻自世纪之交时起,走出地方,挑战全国大师级展评,在全国工艺美术各类国家级大师作品评比中,每出必获高奖,走在全国同行前列。其人物作品形态优美,精雕细刻,衣纹线条讲究质感飘逸,注重人物和景物的层次关系并注意处理好线条的飞白和虚与实,增强了画面的空间效果,使作品画面有很强的立体感。山水则注重于山与树的形体美、空气与水的流动,近景重刀粗刻,以求得山石的厚重感,远山细刀飘刻,显得虚无缥缈、朦胧迷雾,水与路随山就势穿行其间,迂回曲折,犹如人置身其间,美不胜收。充分利用好象牙自然纹理与画面效果结合,使画面线条与象牙自然纹理融为一体,以达到天人合一的视觉冲击力。常州象牙浅刻技艺娴熟、构思奇妙,是中国工艺美术百花园中怒放的奇葩,深受行业界的赞赏。

常州象牙浅刻作品主要有象牙鼻烟壶、工艺插屏、工艺挂件、工艺笔筒、工艺摆件等类型。常州象牙浅刻作品屡屡在国际国内重大展出、比赛中获得大奖,多件作品作为国礼赠给外国元首和友人,数十件作品被海内外知名博物馆、美术馆和收藏家珍藏。

目前,常州象牙浅刻与北京立雕、广东镂雕一起成为当今象牙雕刻的三大流派,现被列为江苏省级非物质文化遗产,现正在申报国家级非遗名录。

第六章　无与常匹俦

常州经济社会历来得以快速发展、科学发展、和谐发展，"淹城文化"的深厚的文化积淀是其内在的主要原因，也展显出其"务实、尚文、融通、开放"的精神之引领作用。有识之士认为，文化的历史延续和基因传承在一个地方的发展中有着特殊的作用，如果一个地区没有文化优势，也无法去创造未来。

清代文学家龚自珍写过一首《常州高才篇送丁若士（履恒）》，其中说常州"天下名士有部落，东南无与常匹俦"。"淹城文化"正是坚持不懈地进行文化对人的教育、熏陶、塑造，同时让受众主体对文化成果的自主选择、自我教育，从而将先进的、优秀的文化成果内化为自己的道德律令、价值目标、人生旨趣，愉悦和丰富人的精神世界。

正是这种厚重的优秀传统人文精神，使常州成为一个地域文化内涵丰富、个性鲜明、充满生机、具有多元文化融合的都市。通过对大量文献信息的分析整合，我们可以从中归纳出常州"淹城文化"的内涵重点与文化发展取向，从而更好地引领、推动常州未来的发展和文化演进。

第一节　历史贡献

"淹城文化"全面继承了中国文化传统,并在现实生活中加以传承和表现。2500余年的历史传承,特别是自明清时期所创造的辉煌,为后人留下了丰富且弥足珍贵的精神财富,也对社会发展产生了很大影响。

一是对生存环境的影响。常州南濒太湖、北邻长江、东望淞沪、西眺金陵,京杭运河穿城东去,地势平坦,气候适宜,农业生产比较发达,水陆交通便捷,商品流通便利,社会生活相对稳定,是典型的江南鱼米之乡。这些,无疑对地方经济模式的形成都会产生根本性的影响。因此,在农耕时代一直是粮食重要产区,从唐宋时的民谚"湖广熟、天下足"演变为明清时代的"苏常熟、天下足",足以说明常州在全国农业生产中的重要地位。

二是对文化艺术的影响。经济发展与文化繁荣交相辉映、相互促进,经济的领先带来了文化教育业的高度发达。常州的府学、县学、义学等教育机构遍布都市乡村,"科第蝉联、数代不绝","文风甲于天下"。

三是对社会发展的影响。吴越两国以及周围列国为争霸一方,相互为敌,战事不断,先是吴国战胜越国,再是越国灭掉吴国,后又楚国灭掉越国,秦国又灭楚国。在这漫长的战乱和争斗中,淹城文化与长江中游的荆楚文化、长江上游的巴蜀文化、黄河流域的华夏文化既交相辉映,释放各自的文化能量,又相互渗透、多元交融。作为意识形态主要表现形式的文化力,还影响和作用于政治、经济、社会的变革与发展。

"淹城文化"的历史贡献,具体来说,主要表现在以下几个方面。

首先,在思想方面。

常州人文始祖季札,以他的深厚学养和人格魅力,奠定了常州历史文化的基础,并产生了巨大而深远的影响。他三让王位的品行操守和宽阔胸襟,成为常州人世代仰慕的"延陵世泽,让国家风"的经典;他在徐国国君死后,郑重地把已经心许的随身饰物青铜宝剑悬挂在徐国国君墓旁的树上,树立了讲信义、重承诺的榜样；他在出使齐国返回途中，随行的长子不幸亡故，仅施以"殓以时服，坎深不至于泉"的简朴葬礼，深为前来观葬的孔子所叹服。特别应当提到的是，季札作为吴文化的杰出代表，在多次出使各诸侯国开展外交活动的同时，还为进行文化交流作出了独特的贡献。季札对《周乐》的评析，是我国有文字记载以来最为系统而精当的文艺评论，具有奠基意义，影响深远。

其次，在文学方面。

南北朝齐梁时期，是常州历史文化肇兴的重要标志。梁元帝萧绎的《金楼子·立言》、《金楼子·志怪》等，是我国古代重要的散文理论著作和笔记体小说。萧子显撰的《南齐书》为二十四史之一。萧文帝萧纲以宫廷贵族生活为描写对象，创"宫体诗"，对后世影响较大。特别是昭明太子萧统组织编纂的《文选》30 卷（世称《昭明文选》），在中国文学史上占有重要地位。

唐代的萧颖士、储光羲、戴叔伦，宋代的张佖、胡宿、邹浩、丁宝臣，明代的唐顺之、徐贲、毛宪等，他们或见地独到，富于创新；或勤于笔耕，著述丰硕；或承上启下、独领风骚，在当时的文坛上作出了重大贡献，也产生了深远影响。

萧颖士，人称"萧夫子"，高才博学，风格峻逸峭拔，后人辑有《萧挺茂文集》，是后来以韩愈、柳宗元为代表的"古文运动"的先驱者，声名远扬朝鲜、日本。戴叔伦是萧颖士的门生，时称"诗伯"（即大诗人），他的诗以反映劳动人民的生活和情感见长，诗风清丽质朴，情真深婉，开中唐新乐府之先河，对后世影响较大。

常州在清代有"诗国"之称。这显然与有着"诗人皇帝"之称的梁武帝萧衍及其遗韵流风有关，当然也由于常州词派在文坛上的崛起及众多有成就、有影响的诗人的出现。一是诗坛上出现了两位在全国属于顶尖级的诗人，一位是黄景仁（仲则），另一位是赵翼；二是常州卓尔不群的女诗人大量涌现，为诗坛增添了一道亮丽的风景。

常州女诗人大量涌现，显然是与常州崇文重教的人文环境和重视家学的传统密不可分的。她们从小就受到良好的家庭教育，其父辈同辈中又多饱学之士，耳濡目染，日积月累，其学养均较深厚。据不完全统计，出自常州女性之手的诗词集就达 126 部之多。常州词派创始人张琦之妻和四个女儿、四个外甥女都是有诗集流传的女诗人。其他如庄、恽、扬、左等诸姓家族亦然。

小说有了长足发展。自东晋袁宏的《竹林名士传》创笔记体小说、南梁萧绎创志怪体小说后，到唐代，顾非熊的《妙女传》已发展成为传奇小说。到明代，小说的品种与数量明显增多，又出现了演义、武侠、章回体小说，其中较为突出的有于华玉的《岳武穆精忠报国传》28 回等。小说在这一时期异军突起。到了晚清，陈森的《品花宝鉴》开创了长篇狭邪小说之先河。李伯元(宝嘉)则成了名扬海内外的晚清四大谴责小说家之一，他的《文明小史》、《官场现形记》深为鲁迅先生赞赏，认为"特缘时势要求"，"揭发伏藏，显其弊恶，而于时政，严加纠弹"，当时之人皆以"得此为快"，因而"骤享大名"。自此，引出了一系列同题材的小说。

清末民初，言情小说流派"鸳鸯蝴蝶派"崛起，常州作者张春帆、许指严、李定夷等名噪一时。女作家陈衡哲具有开创性的白话小说《一日》较鲁迅的《狂人日记》早一年，她的新诗《人家说我发了痴》、白话散文《来因女士小传》，为我国文学革命讨论初期最早的文学作品，她还是国内第一位女教授。恽铁樵，商务印书馆《小说月报》主编，鲁迅的第一篇小说《怀旧》就是他慧眼识珠，登在《小说月报》首卷上的。吴稚晖，博学多才，曾任法国里昂中法大学校长，联合国教科文组织认定他为 20 世纪"世界 100 个文化名人"之一。

刘半农，从常州学堂走出去的现代诗人，五四新文化运动的主将之一，其诗《教我如何不想她》经同乡赵元任谱曲，成为我国经典名曲之一。中共早期重要领导人、中国革命文学奠基者之一的瞿秋白，以他赴苏俄的深切感受撰写的《饿乡纪程》、《赤都心史》，最早向中国人民报道和颂扬了苏俄十月革命的变化，被后人赞誉为开辟了一条"红色丝绸之路"，他翻译的《国际歌》把"共产主义"用中文音译成"英特纳雄耐尔"传唱至今，充分展现了他的学养和才智。

第三，在艺术方面。

无论是戏剧、曲艺、音乐，还是舞蹈、绘画，均呈现蓬勃发展的局面。这一漫长的过程中，民间歌谣继续得到发展。歌谣的内容，涉及劳动生产、风俗礼仪、神话传说、爱情婚姻，等等。它在当时常州历史文化中占有较重要的地位。山歌更为民间所喜闻乐见,明代起,每年三月十九"观音菩萨生日",清凉寺举行庙会,城乡百姓涌到德安桥上对山歌,通宵达旦,三日不衰,形成了常州一年一度"德安桥上对山歌"的传统民俗。当年一首《木匠歌》唱道:"木梳勿做勿得过,山歌勿唱忘记多,三月十九偷个空,德安桥上唱山歌。"其盛况可见一斑。

音乐舞蹈也有很大发展。唐代起,茅山的道教音乐、天宁寺的佛教音乐逐步流行起来。舞蹈从隋代起,已有云车舞(掮轮车)出现,唐至明代,又陆续出现柘枝舞、跳幡神等多种形式,民间舞蹈高跷、龙灯、荡湖船等也开始流行。

戏剧始于宋代杂剧,明代起有南戏。宋末元初,孔学诗作《秦太师东窗事犯》,为常州最早的杂剧作品,后有陶国瑛的《森罗殿》。明代有蒋孝编的《南九宫谱》,为南曲填词的规范之书。此时昆曲开始流入常州,深得世家子弟欢迎,渐成风气。曲艺这种形式,兴盛于明代,主要有古弹词、古评话和由地方小调演变而成的唱春。戏剧创作由于许多卓有成就的文人积极参与,名作繁多,其中陈烺历时八年创作的《京师堂传奇十种曲》为晚清影响较大的巨著。乾隆时还出现一种专为宫廷创作演出的传奇戏曲,时为宫中乐工的常州人邹金生曾奉乾隆皇帝之命,与周祥钰等改编《三国演义》作《鼎峙春秋》240 出,又改编《水浒》作《忠义璇图》240 出。

嘉庆、道光年间,"常州滩簧"在民间流行,后发展成"常州帮"、"无锡帮"两种形态,是常锡剧的前身。当时虽屡遭官府禁绝,但禁而不绝,后来发展成常州主要的地方剧种。曲艺形式逐渐增多,苏州评弹已在常州的兼业茶馆和私宅厅堂登场说唱,深受市民欢迎。道光年间,宣卷流入常州。咸丰年间,由"说因果"发展成的"常州道情"成为常州主要的地方曲艺形式之一。

书画艺术传承齐梁遗韵,有了新的发展。与常州结下不解之缘的苏东坡,在书法上所开创的写意之风,对常州影响很深。吴炳的花鸟画为皇室所看重。元代,无锡人倪瓒将文人画推向了"高逸"的境界,丰富了文人画的内涵。明代的孙隆,能诗工画,花鸟画以"没骨图法"为主,对后世泼彩写意画影响深远,是常州"没骨法"画派的先驱。

书画艺术中还涌现出具有全国影响的画家、书法篆刻家冯超然、马万里、刘海粟、谢稚柳、吴青霞等。造型艺术有首创乱针绣的杨守玉,著名竹刻高手徐素白、白士风、徐秉方等。著名摄影艺术家吴中行,应聘加入英国皇家摄影学会为会员,享誉国内外。

第四,在学术方面。

经史方面。包括经学、史学、方志学等也出现了繁荣景象。这里着重说一下方志学。因为常州后来被誉为"修志之乡",起步于清末民初这一时期。早在齐梁时期,萧子显就编有《南齐州郡志》,是有关南朝疆域、州郡设置和地理风情的重要资料。到唐代,有萧德言的《括地志》550 卷问世。记载常州本地内容的方志是从北宋初期开始的,起初以"记"、"经"命名,南宋淳熙起,以"志"命名。到明代,先后有淳熙、咸淳、大德、泰定、成化的《毗陵志》陆续问世,以及《永乐常州府志》、《常州府志续集》、《重修常州府志》等 10 余部,另有以"赋"、"录"等命名的各类志书和专志多部。与此同时,常州籍文人或赴外地任职的官员也主撰了许多外地甚或全国性的志书,出现了谢应芳、薛应旂等一批修志名家。除持续、多本编纂的本地方志(包括金坛、溧阳)外,专业志如《茅山记》、《常郡八邑艺文志》等纷纷面世。尤以方志大家李兆洛贡献最为显著,他的《历代地理志韵编今释》、《皇朝舆地韵编》、《历代地理沿革图》、《皇朝一统舆图》等极负盛名。

这里应当特别提一下明代的陈济。他是以布衣平民身份,执掌国家级重大文化工程——明《永乐大典》都总裁(总纂)之职的文化精英。陈济发凡起例,率 2000 余人的编纂队伍,有条不紊地进行修纂。经 5 年努力,《永乐大典》编成,全书总计达 22937 卷,11095 册,约 3.7 亿余万字。朱棣审阅后十分满意,并决定"凡稽古纂集之事,悉以属济",即都放心地交给陈济负责,还决定让五个皇孙跟陈济学习古籍。

这一时期还出现了独领风骚、具有全国影响的五大学派,即常州学派(今文经学派)、阳湖文派、常州词派、常州画派、孟河医派。

这里还要提到人口学论者洪亮吉、语言文字学家段玉裁、园林艺术家戈裕良。洪亮吉的博学多才,还表现为他对人口学研究的独特贡献。他在 1793年问世的《意言》中的《治平篇》、《生计篇》提出了人口增长过快与粮食增加缓慢之间的矛盾,深刻地分析了人口过剩所产生的社会问题,并提出了大量改进措施。他的人口论学说,比英国马尔萨斯1798年出版的《人口原理》一书还要早五年。

段玉裁,清代文字训诂学家、经学家,龚自珍的外公。乾隆举人,历任贵州玉屏、四川巫山等县知县,引疾归,居苏州枫桥,闭门读书。段玉裁曾师事戴震,爱好经学,擅长探究精微的道理,获得广博的知识。段玉裁长于文字、音韵、训诂之学,同时也精于校勘,于诸家小学的是非都能鉴别选择,是徽派朴学大师中杰出的学者。他著有《说文解字注》、《六书音均表》、《古文尚书撰异》、《毛诗故训传定本》、《经韵楼集》等,对中国音韵学、文字学、训诂学、校勘学诸方面作出了杰出贡献。

戈裕良,名噪一时的园林艺术家。苏州的颐园、环秀山庄、虎丘樹园、江宁的五松园、仪征的朴园、如皋的文园等,都是他的精心之作。

史学方面,最著者有享誉全国史坛的吕思勉、屠寄、孟森等。吕思勉的《白话本国史》是第一部用白话文写作的中国通史,他先后有两部中国通史、四部断代史、五部专史,以及大量史学札记问世,共八九百万字。屠寄著有《蒙兀儿史记》120卷,至今仍是研究蒙古史的重要参考著作。

教育方面贡献较大的有:撰写《教育概论》、《教育史》等专著的孟宪承;创办北洋大学堂(今天津大学)、南洋公学(今上海交通大学),为我国培养了大批科技精英的盛宣怀;以及主持起草了《中华民国普通教育暂行办法》等法令、方案,为奠定国民教育体制作出重要贡献的蒋维乔等。

新闻工作方面,最著者有清末主办《苏报》、《女学报》,传播进步思想,为早期资产阶级民主革命鼓与呼的父女两代报人陈范、陈撷芬;知识渊博,素有"活词典"、"百科全书"之称,曾在大革命时期担任过中共武进县委书记的著名新闻工作者恽逸群(长安);曾受到毛泽东主席热情接见的著名记者孟秋江等。

此外,还有著名的法学家张志让、史良,我国最早提倡文字改革的张鹤龄,享誉国际的语言学家赵元任,中国大型辞书《辞源》的发起人和组织者陆尔奎,等等。

这些常州历代名家的主要成就,在"淹城文化"的诸多领域得到了体现。

第二节 当今价值

　　随着历史的演变,淹城文化所蕴涵的内容和精粹,不断丰富和促进长三角地区的政治、经济、文化的发展。在长三角这块土地上滋生和发展的淹城文化,对长三角地区的经济发展,至少具有以下几点核心精神:一是具有内在自觉的心态,促进了经济改革开放快速发展,使长三角地区的现代化建设走在全国前列;二是具有超越自我的创新意识,既超越地域的局限,又超越自身观念的局限,创造性地发展,积累了许多重要经验,取得了显著成就;三是具有以人为本的人文精神,无论是创办经济实业,还是发展社会事业,都十分重视人的自身创造力,在生产实践中特别重视生产力中人的因素;四是具有重文重教的文化理念,大约在东汉以后,吴越地区就出现了一种对高层次文化和艺术不断追求的全民意识,藏书、读书风气盛行,优秀人才、优秀作品不断出现,使长三角地区的社会结构和民俗风气发生了深刻的变化,如今该地区各类人才辈出,各门类的能工巧匠俯拾即是,为经济和社会发展作出了重要贡献。

　　一种优秀区域人文精神的培育和形成,有其历史文化性格的继承性,更有其突出的时代特征。"淹城文化"既传承了中国传统文化精髓,又着力于文化创新。用创新的文化成果放大城市的吸引力,提升感召力,增强凝聚力。

　　那么,"淹城文化"的当代意义和作用又表现在哪些方面呢?

　　一是有助于解决现代化发展中带来的种种社会问题。

　　"淹城文化"注重亲情,注重家庭的价值,以家庭为社会的核心,把家庭、家族的稳定与和睦作为社会稳定的前提,所谓"齐家治国平天下",要求家庭成员互相关心爱护,严格履行自己的义务,做到父慈子孝、兄友弟恭、夫唱妇随、婆媳和睦,这有助于缓解现代工业社会带给人们的紧张与压力。坚持由亲情出发的仁爱原则和互惠互利原则,将家庭之爱、家族之爱扩展为人类之爱,"泛爱众","老吾老以及人之老,幼吾幼以及人之幼",邻里之间、朋友之间讲求礼仪、互相敬让,以仁义礼智信为规范,有利于保持社会秩序的和谐有序。注重团体意识、注重集体利益,以国家利益和集体利益为重,强调个人对社会的奉献,使现代工业中企业与员工、企业家与工人之间不惟是纯粹的雇佣与被雇佣的金钱关系,不惟是纯粹的利益关系,企业与员工、管理者与被管理者之间的情感因素有助于缓解劳资关系的紧张。

二是有助于防治和解决人性异化问题。

"淹城文化"注重人的精神生活,注重人的精神追求与身心和谐,注重人的道德情操。这对医治现代化大潮冲击下出现的种种弊端与趋向,如意义的迷失、精神的危机、人性的扭曲、功利主义的恶性膨胀,均有积极意义。中国的现代化道路是漫长而又艰巨的,要实现全方位的发展,要根治几千年的封建余毒,要解决当今政治经济文化等各个领域存在的诸多问题,儒家文化难以独当此重任。

三是有助于防治和解决现代化发展中的环境问题。

环境和人口问题是当今世界的两大问题,关系人类的生存与发展。现代化进程中全球范围内对自然界进行的掠夺式开发,使得人类面临越来越严重的生态危机。日益严峻的生态环境问题——环境污染,水资源的匮乏,土地的大面积沙漠化,大量动植物物种的灭绝,臭氧层的遭破坏,全球气温的转暖,这些无不使人类的生存遭到威胁。而"淹城文化"始终把人与自然的和谐作为天人关系的主旨,把天地的和谐——天人合一视为最高境界,在自然未变之前加以引导,在自然变化之后加以顺应,以达到天地的相互调适。

在人类新文化形成的过程中,"淹城文化"将再显其独特的文化价值,成为未来文化中不可分割的一部分。淹城文化经过改造与弘扬,必然为人类新文化的形成作出应有的贡献。

所以说,从"淹城文化"的价值来看,一个地区的经济社会发展状况决定这一个地区人文精神,而一个地区的人文精神又对这一地区的经济社会的发展起支撑作用,是推动经济社会发展的精神动力源泉。

常州历史悠久的"淹城文化",孕育和造就了特定的经济发展模式,并在很大程度上决定了其未来的走向。"淹城文化"是通过历史积淀而形成的精神品格,是苏南在现实生活中形成的价值体系,以思想意识、心理素质等观念形态存在于人们的大脑中,并外化为本土的种种物质成就。"淹城文化"富有柔性的精细精神,刚性的务实精神,尚文重礼善于吸纳、巧于整合的开放精神特质,促进了地方制度模式的演进和"两个率先"的发展。

当代常州地方历史文化与历史上的"淹城文化"相承相继,一路走来,充分展现了归并和重塑传统优势的强大整合力。在当今新形势下,要使之得到应有的张扬和推进,再造"淹城文化"新的辉煌,对其深刻内涵与精神特质的充分把握就显得格外重要。

第三节　现代成果

党的十一届三中全会开启了改革开放的历史征程。三十多年来,常州人民坚定不移地把解放思想贯穿于改革开放的全过程,坚持以经济建设为中心,大力发展社会生产力,着力传承淹城文化,努力打造特色文化品牌,审时度势,锐意进取,因地制宜,抢抓机遇,走出了一条符合常州实际的率先发展之路。全市国民经济和各项社会事业迎来了蓬勃发展的黄金时期,演绎了富民强市、走向辉煌的动人篇章。

举办道德讲堂

近年来,常州将中国优秀传统文化、社会主义核心价值体系建设的总体要求与本市实际情况相结合,不断探索公民道德建设的新思路、新机制,首创了以"身边人讲身边事,身边人讲自己事,身边事教身边人"为主要形式的"道德讲堂"。目前,全市开办各类"道德讲堂"5000余所,受众超600万人次,覆盖社区居民、农民、公务员、学生、工人、新市民等各类人群。

常州"道德讲堂"的成功主要在于:它将公民道德建设的内容和要求转化为人民群众易于接受的道德实践形式,充分体现了公民道德建设的规律性。"道德讲堂"以社会公德、职业道德、家庭美德、个人品德"四德"为主线,精心设计"五个一"的标准流程,推行"六个我"的讲堂形式,推进七大类讲堂建设,在全社会积极倡导助人为乐、见义勇为、诚实守信、敬业奉献、孝老爱幼等道德实践,深入普及"自强、厚德、崇俭、尚义、守信、明礼、报国、尽孝"等道德规范,使社会道德面貌发生了明显变化。从"道德讲堂"里透出的平民小善,正汇聚成浩瀚的大德之海,并凝聚成推进科学发展与社会和谐的强大动力。

中宣部、中央文明办等部门曾召开现场推进会,总结推广常州"道德讲堂"建设经验。

传承历史文化

常州文化底蕴深厚,常州人注重在城市建设中加以充分地体现和发掘,以增加城市的文化气息,实现文化内涵的延伸和文化素养的提高。全市现有市级以上文物保护单位132处,有世界上罕见的最古老、最完善的古城遗址淹城,有唐代"东南第一丛林"天宁寺,有道教文化发源地茅山,有始建于南齐王朝的文笔塔,有宋朝贡士试院红梅阁,有苏东坡终老地藤花旧馆,等等。我们在旧城改造中倍加珍惜先人的遗赠,更加科学、合理、有效地进行历史文化名城的保护和利用,努力彰显常州的古城风韵。

常州中心城区集中了青果巷、前后北岸、天宁寺—舣舟亭等三大历史文化街区,拥有约园、近园、意园等古典园林;藤花旧馆、唐顺之、赵翼、张太雷等一批名人故居和洪亮吉纪念馆;在尊重本土历史文脉的基础上,通过保留建筑的原真性、整体性和可读性,使常州成为体现古巷幽深、枕河人家的常州市井生活博物馆,给后人留下可见、可读、可以享受的文化大餐。

保护非遗成果

千百年来,勤劳勇敢、智慧的常州人民在这块土地上劳动、繁衍、生息,共同创造、积累了一大批具有鲜明民族特色和地方特色的非物质文化遗产资源。

　　这些非物质文化遗产资源内容丰富,品类繁多。如常州梳篦、常州留青竹刻、常州烙画、乱针绣、金坛刻纸、锡剧、常州吟诵、天宁寺梵呗唱诵、乾元观道教音乐、常州唱春、常州小热昏、金坛抬阁、谈庄秧歌灯、跳幡神、巨村舞龙、万绥猴灯等项目,它们分属于民间文学、传统戏剧、传统美术、传统舞蹈、传统音乐、曲艺等类别。其中常州梳篦、天宁寺梵呗唱诵、常州留青竹刻、金坛抬阁等项目在全省乃至全国及海内外都有相当的知名度和影响力。

　　通过近几年的大面积的挖掘、普查、调研,截至 2013 年年底,常州地区的非遗项目多达 1300 项。虽其中辖市区的相关内容有所相似,但这也足以表明常州市非物质文化遗产资源极为丰富。常州现已形成了较完备的国家级、省级、市级、辖市区阶梯式的四级名录保护体系。迄今为止,常州市先后公布了四批共 115 个市级非遗名录项目。经过成功申报,常州的 38 个项目被列入江苏省级非遗名录,12 个项目进入国家级非遗名录,1 个项目入选联合国教科文组织"人类非物质文化遗产代表作名录"。

挖掘运河文化

　　深入挖掘运河两岸的物质与非物质文化遗产,结合京杭大运河整体申遗,打造"水运长廊、关河人家、新城风采、红梅重瑟、运河市井、产业兴衰、城河遗韵、水乡风情、古寺古塔"等九个重要运河节点。通过新建"三吴第一楼"、小型工商文化博物馆等文化建筑吸引城市居民汇聚休闲,将运河打造成为活力之河、文化之河、休闲之河、魅力之河,充分彰显常州古运河文化特色。经过大运河沿线 8 省市 35 个城市的努力,2014 年 6 月 22 日上午,在卡塔尔多哈进行的第 38 届世界遗产大会宣布,中国大运河项目成功入选《世界文化遗产名录》,成为我国第 32 项世界文化遗产及第 46 项世界遗产。

彰显美食文化

　　常州发扬光大美食文化,充分挖掘传统地方特色餐饮食品,保护好一批老字号和当家菜,形成地方特有品牌,并用现代经营方式引导特色小吃、老字号、名菜名点向标准化方向发展。结合常州大观楼的重塑,打造具有常州特色的餐饮美食街,融合常州地方特色餐饮与高档餐饮潮流,充分展示常州餐饮业的特色与品位,努力提升其在沪宁线上的竞争实力。

打造动漫文化

动漫产业是继 IT 业后最具爆发力的"黄金产业",它正在以惊人的速度创造着财富。常州的动漫产业也在飞速发展,经过近两年的积极建设,常州国家动画产业基地公共技术服务平台已初具规模,而且成为常州动画基地吸引境内外企业入驻的一大优势,也为推进基地企业作品走向国际市场创造了良好的环境。

今天,这些平台已经初步展示出它的服务效应和功能,吸引了一批文化创意产业企业的集聚,带动了常州动漫产业的发展,也为常州市产业升级带来了全新契机。国际动漫艺术周国际动漫产学研论坛、国际动漫合作论坛等一些国际主要论坛先后在常州成功举办,使常州的动漫文化得到了进一步的推广和弘扬,也给我国动漫产学研发展提供了新的思路,融入更多的国际元素。

当今时代,文化越来越成为民族凝聚力和创造力的重要源泉,成为一个国家综合实力的重要组成部分。如何继承和弘扬优秀传统文化,是常州人民面临的一个重大课题。

因此,常州人民要加强加快对传统文化的挖掘、整理和研究,吸收借鉴传统文化的精髓,发挥传统文化对建设和谐社会的积极作用,真正做到古为今用,努力构建符合时代特征的先进文化。

这样,一个政治安定、社会文明、经济繁荣、人民富裕、环境优美的新常州,必将在充满生机和希望的苏南大地上迅速构建,令人瞩目。

参考文献

[1] 左丘明.左传[M].乌鲁木齐:新疆人民出版社,1995.

[2] 司马迁.史记[M].北京:中华书局,1999.

[3] 袁康.越绝书[M].上海:上海古籍出版社,1995.

[4] 赵晔.吴越春秋[M].南京:江苏古籍出版社,1980.

[5] 陆广征.吴地记[M].南京:江苏古籍出版社,1999.

[6] 祝穆.方舆胜览[M].北京:中华书局,2003.

[7] 欧阳修,宋祁.新唐书·地理志[M].北京:中华书局,1999.

[8] 乐史.太平寰宇记[M].上海:上海古籍出版社,1987.

[9] 司马光.资治通鉴[M].上海:上海古籍出版社,2003.

[10] 李昉,等,编.太平御览[M].上海涵芬楼影印宋版,北京:中华书局,1960.

[11] 范成大.吴郡志[M].见道光二十四年《守山阁丛书》.

[12] 史能之.咸淳毗陵志[M].扬州:广陵书社,2005.

[13] 张平生,等,点校.永乐常州府志[M].扬州:广陵书社,2006.

[14] 顾祖禹,等.读史方舆纪要[M].北京:中华书局,2005.

[15] 王祖肃,杨宜仑,修.武进县志[M].乾隆三十年(1765年)刊本.

[16] 李兆洛,纂.武进阳湖县合志[M].道光二十三年(1843年)刊本.

[17] 汤成烈,纂.武阳志余[M].光绪十四年(1888年)刊本.

[18] 光绪丹阳县志[M].扬州:江苏广陵古籍刻印社,1985.

[19] 臧励龢.中国古今地名大辞典[M].香港:商务印书馆,1931.

[20] 辞海[M].上海:上海辞书出版社,1989.

21. 吕思勉.中国通史[M].北京：人民出版社,2008.

22. 骈宇骞主编.二十五史精华[M].北京：九州出版社,2004.

23. 吕文郁.春秋战国文化史[M].上海：东方出版中心,2007.

24. 沈起炜编.中国历史大事年表[M].上海：上海辞书出版社,1983.

25. 童业书.春秋左传研究[M].北京：北京出版社,1984.

26. 晓宁.吴都之谜[J].周末,1991 - 3 - 9.

27. 顾承甫,等.话说中国·群英荟萃[M].上海：上海文艺出版社,2004.

28. 张觉,校注.吴越春秋校注[M].长沙：岳麓书社,2006.

29. 傅玉璋.中国古代史学史[M].合肥：安徽大学出版社,2008.

30. 萧军.吴越春秋史话[M].北京：华夏出版社,2008.

31. 国家文物局.中国考古十大新发现,2009.

32. 镇江市志[M].上海：上海社会科学院出版社,1993.

33. 丹徒县志[M].南京：江苏科学技术出版社,1993.

34. 无锡市志[M].南京：江苏人民出版社,1996.

35. 虞新华主编.武进掌故[M].北京：中国文史出版社,2001.

36. 肖飞.武进奇葩[M].北京：中国文史出版社,2006.

37. 肖飞.淹城寻梦[M].香港：东方文化中心,2007.

38. 肖飞.武进古风[M].北京：中国文联出版社,2010.

39. 肖飞.名人春秋[M].南京：南京大学出版社,2013.

附　常州历史沿革简表

朝代	年号	公元	县名	隶属	备注
秦	秦始皇二十五年	前222	延陵	会稽郡	始建县
西汉	汉高祖元年	前206	毗陵	会稽郡	
新莽	建国元年	9	毗坛		
东汉	光武帝建武元年	25	毗陵	会稽郡	
	汉顺帝永建四年	129	毗陵	吴郡	
三国	吴大帝嘉禾三年	234	毗陵	毗陵典农校尉	
西晋	晋武帝太康二年	281	毗陵武进	毗陵郡	始分治
东晋	晋怀帝永嘉五年	311	晋陵武进	晋陵郡	
南梁	梁武帝天监元年	502	晋陵兰陵	兰陵郡	
隋	隋文帝开皇九年	589	晋陵	毗陵郡	兰陵并入曲阿
唐	唐高祖武德三年	620	晋陵武进	常州	复置武进
	唐太宗贞观元年	627			
	或贞观八年	634	晋陵	常州	武进并入晋陵
	武则天垂拱二年	686	晋陵武进	常州附廊	
	天宝元年	742	晋陵武进	晋陵郡	
	至德二年	757	晋陵武进	常州	
	唐代宗大历十二年	777	晋陵武进	常州	升为望县
宋			晋陵武进	晋陵郡	

朝代	年号	公元	县名	隶属	备注
元			晋陵武进	晋陵郡	
	至正十七年	1357	京临永定	长春府	
	至正二十二年	1362	永定	长春府	京临并入永定
明	洪武五年	1372	武进	常州府	
	明神宗万历末年	1619	武进	尝州府	
清	清世宗雍正二年	1724	阳湖武进	常州府	
民国	元年	1912	武进		阳湖并入武进
新中国成立		1949	常州	常州地区	县治常州建市

后记

为深入贯彻落实党的十八大和十八届三中、四中、五中全会精神,习近平总书记系列重要讲话精神,特别是视察江苏重要讲话精神,推动江苏文化建设迈上新台阶,由省社科联牵头,各省辖市社科联组织联系相关专家学者,历时近两年,编撰《江苏地方文化名片丛书》。丛书以省辖市为单位,共分13卷,每卷重点推出该市一张具有代表性的文化名片,全面阐述其历史起源、发展沿革、主要内容和当代价值等,对于传承江苏地方文化精粹,打造江苏地方文化品牌,塑造江苏地方文化形象,具有积极的推动作用。

省委常委、宣传部部长王燕文高度重视丛书的编撰工作,担任丛书编委会主任,给予关心指导,并专门作序。省委宣传部副部长双传学,省社科联党组书记、常务副主席刘德海,党组副书记、副主席汪兴国,党组成员、副主席徐之顺担任编委会副主任。各市市委常委、宣传部部长和省委宣传部理论处处长李扬担任编委会委员。刘德海担任丛书主编,全面负责丛书编撰统筹工作,汪兴国、徐之顺担任丛书副主编,分别审阅部分书稿。省社科联研究室原主任崔建军担任丛书执行主编,具体负责框架提纲拟定和统稿工作。陈书录、安宇、王健、徐宗文、徐毅、朱存明、章俊弟、尹楚兵、纪玲妹、许建中、胡晓明、付涤修、常康参与丛书统稿。省社科联研究室副主任刘西忠,工作人员朱建波、李启旺、孙煜、陈朝斌、刘双双等在丛书编撰中做了大量工作。

《常州淹城文化》卷由中共常州市委常委、宣传部部长徐缨担任主编并作序,陈满林、陆文虎、肖飞任副主编,常州市社科联组织专家撰写。由肖飞担纲编写,黄志浩、王继宗作校审。本卷编写得到了常州市政协文史委、常州市文广新局、常州市档案馆、常州市图书馆、常州市名人研究会、常州市地方文化研究会、武进日报社、武进区文广新局、武进区旅游局、武进区春秋淹城管委会、武进区档案馆、武进区图书馆、武进地方文献研究会等部门，以及窦义生、陆文桂、储佩成、张瑾、包立本、林志方、周蓉森、耿健钢、蒋忠南、蒋凤姣、陈莉莉、陆流虎、薛焕炳、施国鸣、张军等人士的关心支持，同时也参阅了大量史料和专著。

省新闻出版广电局、各市委宣传部、市社科联对丛书的编辑出版工作给予了大力支持。值此，谨向各有关部门、专家学者和南京大学出版社表示衷心的感谢！由于时间较紧，编撰工作难免疏漏，恳请批评指正。

2015 年 12 月